朝核危機與中南海權鬥

作者／王淨文、季達

目錄

第一章

朝鮮核武
最大受害者是中國

日益嚴重的朝核危機令世界特別是中韓美日諸國憂心忡忡，
金正恩政權一步步加強其先軍擁核政策，除了不斷加劇朝鮮
半島的緊張局勢，更對中國和韓國造成近鄰的核污染威脅。
中共當局此時的處境，比歷史上任何時候都更顯尷尬。

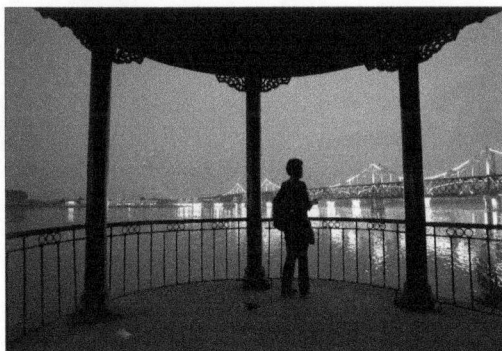

從遼寧省丹東市跨過鴨綠江就到了朝鮮，朝鮮核武最大受害者是
中國。（AFP）

第一節

朝鮮從防美盾牌變成燙手山芋

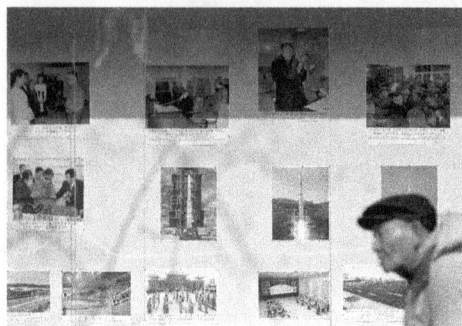

北京的朝鮮駐中國使館外張貼著金正恩及各類武器圖片。（AFP）

從遼寧省丹東市跨過鴨綠江就到了朝鮮，昔日這個以鮮血換來的小兄弟，今日卻成了中國核污染的最大潛在凶手。

從 2006 年 10 月 9 日到 2016 年 9 月 9 日，朝鮮已經進行了五次核爆實驗，並逐次加強，從最初的 1KT 當量，到第五次接近30KT 當量。記錄顯示，2016 年 9 月 9 日國際標準時間 0 時 30 分許，朝鮮東北部發生了芮氏 5 級左右地表地震，吉林省延邊、白山等地均有明顯震感。美國專家稱此次核試驗核爆能量有 2 至 3 萬噸當量，比二戰期間向日本廣島投下的原子彈當量還要大，甚至可能超過向長崎投下的原子彈，中國科學家測定出來是爆炸當量為1.19 至 2.37 萬噸，破壞力極強。

人們擔心，朝鮮的第六次核爆，是否會更強？假如發現核洩漏，或引發長白山火山爆發，或引來大量難民潮，中國將如何應對？

2017 年 4 月 25 日，北京大學滙豐商學院經濟學教授、海上絲路研究院執行院長何帆與吉林大學公共外交學院副教授孫興杰在《金融時報》中文網刊文說，朝核問題已經是中國重大安全「漏洞」，而且現在的確到了需要下定決心進行大變革的時刻了。

文章說，安全性漏洞體現在三方面：一、核試驗場距離中國邊境不到 100 公里，朝鮮核試驗帶來地震，加上核洩漏的危險，即便朝鮮的核武器不能發射，它的存在本身就是一種威脅。二、一旦出現難民潮，將極大地拖累中國經濟，帶槍的朝鮮士兵進入中國國境，將引發嚴重的安全隱患。三、從危機管控的角度出發，中國也必須加強在東北邊境地區的軍事布署。1964 年中朝解決了劃界問題，中朝兩國也是法律上的軍事同盟，但是現在的邊境地區依然沒有去軍事化。中朝應該對等撤軍，在距離邊境不到 100 公里的地方有核試驗場是絕不可容忍的。

中國社會科學院美國研究所研究員李文 4 月 25 日也對香港《明報》說，現時的中朝關係和美國總統川普（或譯特朗普）上台前不太一樣。一個擁核的朝鮮，已由過去中國的友好國家，變為對中國安全構成最大威脅和危險的國家。這很大程度上是因為朝鮮擁有核武會損害中國在東亞的地位，此外朝鮮核試一旦發生洩漏或引發戰爭，最先和最大的受害者也是中國。

在過去 50 多年，中國將朝鮮視為與韓國以及韓國本土上美國駐軍之間的「緩衝屏障」，然而近 10 年來，由於朝鮮不斷搞核武挑釁，反而促進了美國與韓國的國防合作，使這塊防美盾牌變成了燙手山芋。特別是 2017 年美國在韓國布署的薩德攔截導彈系統，不但能攔截朝鮮發射的導彈，也能隨時監控北京的一舉一動。同時朝鮮的挑釁，讓日本、韓國、菲律賓等很多東南亞國

家遠離中國、靠近美國，讓「中國包圍網」逐步縮小，很多中共高官都感嘆：「朝鮮挑釁的最大受害者是中國。」

在國際社會的嚴厲制裁下，目前中國為朝鮮提供了最多最重要的物質供應，一旦中國停止供應，比如按聯合國的要求全面禁運原油，朝鮮社會很快就會停擺。為什麼中國不這樣做呢？因為中國並不希望朝鮮出現崩潰，一旦朝鮮陷入混亂，大批難民將湧向中國，這是中國不願承受的；同時，由於地緣、政治、軍事各方面的因素，中國一直希望維持現狀。

拖了幾年後，人們看到，中方維持現狀的希望，在日益蠻橫的朝鮮核武恐嚇下正在迅速破裂，中朝面臨撕破臉、反目決裂的殘酷現實。

2017 年 3 月 11 日，國務院特殊津貼享受者，中共中央黨校國際戰略研究所教授張璉瑰，在其發表的《朝鮮核武其實劍指中國？》的長文中稱，「朝鮮核試後重拾『武力統一』，美國壓朝棄核『不排除任何選擇』，半島戰爭危險與日俱增。朝鮮半島若再次發生『統一戰爭』，其結果必定是災難性的；如果在危機時候動用核武器，對半島及其周邊國家來說則是毀滅性的。朝鮮擁核，它對我安全意義發生重大變化。這時，它不再僅僅被動充當我國安全屏障或他方入侵我國的橋梁，因為它擁有了在如此近的地方劍指我心臟地區的能力和手段，它本身成為有可能對我構成嚴重威脅的能動力量。

在朝鮮核問題上，國人有許多認識誤區。其中之一便是認為朝鮮核問題是朝美關係問題，中國不是當事者，中國要做的只是維護半島無核化的口號，適時做些勸談促和工作，沒有必要採取實際行動促朝棄核，因為那是在幫美國的忙。其實，只要翻開地

圖看一看朝鮮核設施距中國邊界的距離，看看離美國有多遠，再了解一下朝鮮擁核動因及其核設施安全狀況，我們的心態可能就不會那樣閒適和從容了。」

文章引用了美國核科學家赫克 2004 年和 2010 年兩次參觀朝鮮核基地後的感慨。赫克說：「2010 年那次去寧邊參觀，使我吃驚的不是其核能力，而是其規模。2000 台巴基斯坦 P2 型離心器正處於工作狀態，顯然，在其他地方他們還會有這等規模的核設施……朝鮮出於政治目的正大力推行其核計畫、擴充其核設施。但由於孤立自閉，他們採用的技術原始而落後，極不安全。而且，由於朝鮮已退出《不擴散核武器條約》，他們無法通過正常管道從其他國家獲得相關的設備、技術和經驗、教訓，我對其核設施的監管系統及其獨立管理能力持懷疑態度。訪問時我曾提出幾個技術性問題，他們沒有回答。我非常擔心，他們遲早會發生重大核事故。」

赫克問道：「訪問朝鮮後我陷入了巨大的困惑之中：我們是眼看著他們發生嚴重核事故，造成大面積核污染和大量人員死亡袖手旁觀呢，還是施以援手，在技術上幫助他們避免核事故發生？選擇前者，作為科學家良心難安；選擇後者，實際上是幫助他們製造大規模殺傷性武器，後果更為嚴重。現在似乎是哪種選擇都不對。中國人聰明，你們有什麼辦法來解決這個兩難選擇？」

美國核威脅倡議協會發布《核材料安全指數》報告顯示，每年朝鮮都排在最後，依然穩居末位。2013 年 9 月 17 日，西班牙《阿貝賽報》發表文章《全球最危險的核電站》，羅列分析了全球最危險的八個核電站及核設施，朝鮮寧邊核設施榜上有名。該文稱朝鮮核設施「外觀簡陋」，「2004 年管道系統曾嚴重損毀」，但

近期卻又恢復運行了。

2014 年 4 月 9 日中共黨媒發布專稿《朝鮮寧邊　反應爐安全性遭疑》，轉述美國霍普金斯大學美韓研究所網站「朝鮮 38°」4 月 7 日發表的報告說，衛星圖像顯示，2013 年夏天暴雨和洪水導致寧邊核設施附近的九龍江改道，致使反應爐冷卻用水供應出現故障，冷卻水蓄水池淤塞。為此朝方可能在 2014 年初被迫關閉一座五兆瓦石墨減速反應爐。美國智庫的報告稱，「九龍江能否成為可靠的、整年不中斷的冷卻水來源，依舊令人懷疑，而那些臨時修建的取水設施今後同樣可能被洪水破壞。」

2014 年 3 月 24 日，赴海牙參加第三屆核安全峰會的韓國前總統朴槿惠在開幕式上發表主題演說時，曾憂心忡忡地談到朝鮮核設施安全問題。她說：「朝鮮核設施安全性問題也引發著巨大擔憂。」「現在，在朝鮮寧邊聚集著大量核設施，如果某建築內發生火災，那將引發比切爾諾貝利還要嚴重的核災難。」

切爾諾貝利核電站爆炸 促蘇聯解體

1986 年，蘇聯烏克蘭切爾諾貝利的「列寧核電廠」（現為切爾諾貝利核電站）的工作人員在進行一項安全演習，測試如果反應爐突然斷電時，如何能夠迅速恢復供電。他們在 4 月 26 日凌晨開始演習，沒想到斷電後，不知道為什麼無法恢復供電。1 點 23 分反應爐爆炸，頂蓋被炸開，燃料鈾、石墨散落周邊區域，一股超強的輻射氣流從裂口衝上一千米的天空。

消防隊往電廠噴灑大量的水，不但滅不了火，28 名消防員因過量輻射而先後死亡。由於強核輻射，核電站廠區的人，只要待

15 分鐘就會死亡，離電廠三公里的小城普里皮亞季，26 日中午測到輻射超出正常 1 萬 5000 倍，傍晚達到 60 萬倍。

4 月 27 日，政府開始全數撤離普里皮亞季的四萬多居民。由於切爾諾貝利的輻射隨著大氣向四面八方擴散，28 日，瑞典就測到超標 100 倍的輻射，接著全歐洲都出現警報。輻射隨著雲飄，跟著雨水落入地面，故而在地圖上出現花豹斑點那樣的隨機分布。直到 28 日，蘇聯才對外公布切爾諾貝利發生核事故。

出事的四號爐心有 1200 噸鈾燃料，在 3000 攝氏度的高溫下燃燒，熔化的輻射粒子像蒸氣般一直升起，進入大氣，隨風飄散，所以首先要滅火。水沒有用，軍方調來 300 架直升機，往反應爐空投混合硼酸的沙包，共投下 600 噸沙包才控制住火勢，而幾十名飛行員因輻射，幾天後在醫院痛苦的死亡。

5 月 2 日，蘇聯政府撤離切爾諾貝利周邊 30 公里的 13 萬居民，並且把境內所有的動物全部撲殺。雖然已經丟下 600 噸的沙包，但反應爐裡面還有 195 噸的鈾燃料棒在燃燒，由於上面被沙包蓋住，鈾熔化的放射性岩漿便向下腐蝕，當岩漿熔穿水泥地板，便會碰到下面的積水坑，這是先前消防隊為了滅火大量噴灑的水，都積在反應爐底下。熔化的鈾和石墨，遇到水會爆炸，只要有 1400 公斤的岩漿爆炸，那等於 500 萬噸的火藥威力，可以把 320 平方公里的土地炸平。再加上擴散的輻射，別說蘇聯，整個歐洲都完蛋了。

於是消防員冒死把水抽乾，他們真的全死了，再用直升機投擲鉛塊，共投下 2400 噸的鉛，使得火暫時熄滅了。但鉛遇高熱也會熔解，進入大氣，人吸到就會鉛中毒。日後，600 名直升機駕駛員全部因此犧牲。

事情還沒完。現在輻射岩漿雖然暫時不會爆炸，但還是會滲透到地下，而地下水層連接聶伯河到黑海，如果水源污染，那也是毀滅性的。所以 5 月 12 日，政府從外地調來一萬名礦工，要挖出 150 米地道，到爐心再挖開周邊 30 米，想裝上冷卻系統，以防溫度再次升高。結果冷卻系統裝不起來，只好用水泥加固。可怕的是，地道中的高熱使穿著厚重防護衣、戴著面罩的礦工根本無法工作。他們只好脫去防護衣，這樣輻射傷害更嚴重，不小心碰到含有輻射的沙土，便會立刻死亡。他們喝的水都沒有安全隔離，等於直接把輻射喝進體內。這一萬名礦工，當時都是 20 歲出頭、年輕力壯的小夥子，後來有四分之一的人沒有活過 40 歲。活下來的也是百病纏身，多半失去工作能力。

蘇聯動員了各方面的專家，決定打造一個長 170 米、寬 66 米的鋼鐵石棺，把四號廠整個封死。另一方面動員了 10 萬後備軍人、40 萬平民，都是 20 歲到 30 歲的年輕人，作為周邊 30 公里範圍的輻射「清理人」。直升機先噴灑名叫「波泡」的液體，它會和輻射塵混合成「灰泥」，落在地面，然後清理人去清理輻射灰泥。他們一天洗五次澡，但輻射並沒有放過他們，他們日後不是年輕早亡，就是身體殘障。七個月後，石棺終於打造完成，當時花了 180 億美元。

問題不光是錢，還有人員的傷亡太慘重，估計直接犧牲超過兩萬人，殘障的有 20 萬人，還不算因輻射後來死去的平民和兒童。蘇聯官方公布的數字只有 59 人。輻射的可怕在於它不是讓人立刻死，而是「馬上慢慢死去」。

30 年過去了，雖然現在切爾諾貝利周邊 30 公里範圍全部清空，但界線是人劃的，輻射早已超出這個界線。1991 年蘇聯解體

後，僅白俄羅斯就有 30 萬名兒童受害，現在還有 800 萬平民長期生活在污染區。切爾諾貝利巨大的石棺，估計只能使用 30 年，現在已出現裂縫，還要再打造一座更大的石棺來蓋住它，再用 30 年。然後再打造新的……鈾熔解的輻射半衰期是 2 萬 4000 年，因此至少還得更換 800 次石棺，到那時輻射強度才對人體的損害減半。那是多麼漫長而可怕的等待！

　　因為 1986 的這次核事故，蘇聯解體的步伐被加速了，錢一下用在這了，其他經濟計畫全都被打破了。戈爾巴喬夫 1991 年不得不承認，核事故促成了蘇聯的解體。

第二節

朝鮮核武
是懸在中國人頭上的劍

核事故蘇聯或朝鮮難以避免，經濟發達國家也處理不好。

2011 年 3 月 11 日，日本福島核電站在地震和海嘯中受損爆炸，核物質外洩。日本傾其技術和財力仍對之束手無策，只好宣布核電站周圍 20 公里為強制疏散區，並一度計畫在最壞的情況下疏散方圓 250 公里內所有人員，包括東京 3500 萬人、仙台 100 萬人、福島 29 萬人。近四年過去了，至今被毀的核電站仍在不斷地向海洋排放受到核污染的髒水。最近有報導稱，福島一帶日本居民癌症等患病率奇高，其近海魚類出現基因變異而奇形怪狀。這一帶所生產的大米和水產品被許多國家宣布禁止進口。

1986 年的切爾諾貝利核電站事故後，30 年過去了，事故發生地烏克蘭有 1500 平方公里、其鄰近的白俄羅斯有 7000 平方公里被污染的土地仍處於荒蕪狀況，近似鬼城。由於遭到核輻射，

周邊地區大量新生兒出現畸形殘廢，事故地區動植物出現可怕的基因變異，發現巨形老鼠和瘋狂的植物。

2013 年 2 月 18 日韓國 DailyNK 網站發布消息稱，朝鮮涉核地區出現較為嚴重的核污染狀況；黃海北道平山鈾礦區「經常看到畸形兒和核輻射殘疾工人」，這裡患癌症、白血病概率很高，工人平均壽命明顯低於其他地區。工人們要求當局採取防護措施，被告知：比起寧邊和豐溪里核試驗場，這裡情況好多了！一位曾在寧邊工作過的黨委書記「其兒子和女兒皆是受輻射傷害無法正常站立的畸形兒」。為了安撫當地工人幹部，這裡的工資是其他地方的七倍。

2013 年 2 月 14 日，德國聯邦地球科學與自然研究院（BGR）發表其監測數據，稱朝鮮第三次核試能量釋放約為 4 萬噸三硝基甲苯炸藥（TNT）當量，是 1945 年廣島原子彈爆炸力的三倍。該研究機構稱其監測到這次朝鮮核試地震規模為 5.2，與美、韓、日公布數據相同。朝鮮前兩次核試地震規模分別為 4.2 和 4.8。朝鮮核試地震規模逐步升級引起韓國擔心引發長白山火山噴發。

他們判定，朝鮮核試影響半徑可達 300 公里，而其核試驗場距長白山僅 110 公里。長白山是一休眠火山，在過去 1000 年中它曾先後噴發 10 次，最近一次是在 1903 年。韓國專家認為，若朝鮮核試驗地震達到 6 級，就可能引發長白山噴發。

據研究，長白山一旦噴發，其烈度指數可達規模 7.4 左右，而 2010 年 4 月曾造成巨大災難的冰島火山爆發烈度指數僅為 4 級。韓國國立防災研究院根據美國聯邦災難管理廳的模擬實驗結果推測，如果長白山在冬天爆發，火山灰會在 8 小時內掩蓋鬱陵島，12 小時內到達日本，東北航空路線癱瘓。

還有研究稱，長白山一旦噴發，其破壞性能量的60%將傾瀉於中國一側。毫無疑問，這一重大災難風險會使朝鮮周邊國家不寒而慄。因此，2014年7月初中國國家主席習近平訪問韓國時，中韓雙方有關部門簽署協議，決定合作研究長白山噴發問題。

美國實施「外科手術」的後果

1950年苦戰三年後，朝韓雙方吸取教訓都不再堅持武力統一。1972年雙方發表《七四聯合聲明》，就「自主、和平、民族大團結」為國家統一三大原則達成協議。但是，自從2009年5月朝鮮進行第二次核試後，朝鮮自認為在軍事上已壓倒韓國，在這年7月紀念「祖國解放戰爭」56周年大會上，時任朝鮮人民武力部長的金永春發表主旨講話，誓言「將以難以想像的威力給挑釁者以殲滅性打擊，並一舉實現統一」，重提武力統一。從此以後，朝鮮官方媒體開始頻繁使用一個新詞「聖戰統一」。

2013年2月朝鮮進行第三次核試，宣布其核武已實現小型化、輕型化，可以實用了。這年3月8日，朝鮮「祖國和平統一委員會」發表聲明，宣布「全面廢棄北南互不侵犯的一切協議」。此前一天金正恩在視察剛剛組建的西南前線司令部所轄軍隊時，命令軍隊準備「打響祖國統一大戰的第一炮和信號彈」。3月10日《勞動新聞》發表文章稱，朝鮮已是「擁有核威懾力量的政治和軍事大國」，「朝鮮軍隊和人民會為國家統一發起一場不同於上個世紀50年代朝鮮戰爭的聖戰」。朝中社則於11日宣布「朝鮮半島新的戰爭已是再也無法避免的現實」。

2013年3月危機，是朝鮮初步掌握可使用的核武器後企圖以

此為手段推進武力統一的一次預演。但是，包括聯合國在內，全球普遍反對朝鮮擁核，堅決主張維護朝鮮半島無核化。美國堅稱，為促朝棄核，美「不排除任何選擇」，意必要時將動用武力。

1994 年克林頓政府曾決定對朝鮮核設施進行外科手術式打擊，後因卡特與金日成達成妥協，這次軍事行動中止。不過當時美國相關部門奉命對此進行了後果嚴重性的評估。

這份祕密報告寫道：「寧邊 8 兆瓦和 5 兆瓦兩座反應爐運轉時被炸毀，因放射性物質輻射受害的範圍可達 400 至 1400 公里，不僅朝鮮半島甚至中國和日本也會受到其危害。」「具體而論，寧邊核設施半徑 10 至 50 公里內的人在兩個月內死亡 80 ～ 100％，30 至 80 公里內的人僅能生存 20％ 左右。距寧邊 400 至 1400 公里的地區輻射量也達到 5 雷姆，這是國際放射性物質輻射許可量的 10 倍。轟炸五年後在半徑 700 公里以內的地區，仍然受到放射性污染的影響。如果包括兩座反應爐在內，在處理設施、核廢料儲藏設施等同時被炸，其危害程度則更大，在半徑 50 公里以內 25％ 居民會在幾小時內死亡，朝鮮半島全境的土壤污染將持續五至十年。」（見韓國《朝鮮日報》2007 年 1 月 4 日報導）

應該指出，這是 20 年前寧邊只有兩座反應爐運轉的情況下，美國對其襲擊可能後果作的評估。此後 20 年間，朝鮮又擴充了其核設施，製成並儲藏了核彈，遭襲時其後果會遠甚於上述評估。

張璉瑰分析說，當初朝鮮把其核設施建在距中國邊境如此近的地方，固然有國土狹小因素，但不排除以中國為擋箭牌的考慮。一來可令美國因擔心有可能傷及中國而對朝罷手；二來中國也可能擔心遭受池魚之災而反對對朝動武，這種布置可謂一箭雙鵰。

第三節

朝鮮：
一旦不能取勝就炸地球

　　張璉瑰的文章還分析了朝鮮共產首領的瘋狂想法，將會給世界帶來的可怕局面。一方面，金正恩非常狂妄和自信。2013 年 3 月 6 日《勞動新聞》頭版文章公開宣稱「用精密核打擊手段將首爾和華盛頓炸成火海」；2013 年 3 月 29 日朝鮮領導人主持作戰會議，要：「命令一下，要在第一時間打擊一切，使之七零八落，變成灰燼。」「60 年來先軍朝鮮為全面戰爭切實做好了準備……而美國本土幾乎找不到這樣的備戰工事。」「美國可以說是全無防備的無人之境，攻打美國易如反掌。」金正恩認為，朝鮮已成為「世界頂級軍事超級大國」。這些錯誤判斷極有可能使朝鮮做出錯誤的決定。

　　另外，金正恩秉承了共產黨人那種末日狂徒心理：「我活不了，你也別想活。」金正日曾經說：「如果我們失敗了，我一定

要炸掉地球，和美帝國主義同歸於盡。一個沒有朝鮮的地球還有什麼好留的呢？」

2013 年 3 月 30 日，金正恩的朝鮮政府和政黨團體發表特別聲明，稱「苦苦等待的殊死決戰的最後時刻終於到來」，「朝鮮半島不和不戰的狀態結束了」，朝鮮軍民即將奮起進行「正義的祖國統一大戰」。在這份嚴厲的聲明中寫進了這樣一句話：「沒有先軍朝鮮的星球是不會存在的。」擁有核武器並把炸毀地球定為政府意志，這樣的瘋子狂徒怎能不讓人震驚和譴責呢。

「寧要核子，不要褲子」百姓吃草根

由於金家王朝一直窮兵黷武，把核武當成了幾乎唯一重要的產業來經營，百姓生活在極度匱乏中。2016 年第三次核武試驗後，聯合國一致通過決議，正式對朝鮮核爆實施史上最嚴厲制裁，朝鮮經濟將更加嚴峻。3 月底，朝鮮官媒《勞動新聞》刊登了一篇《朝鮮最強的力量》之政論預言，預示朝鮮民眾可能再次吃草根維生。而金正恩對中方配合制裁決議的仇恨甚至超過韓美，揚言要以核打擊報復中國大陸。

這篇政論中稱，「革命的道路漫長而且險峻，我們可能要再一次吃草根，再一次進行苦難的行軍。」

朝鮮曾經於 1994 至 1998 年間遭遇大饑荒，當時許多民眾被迫要以吃草根維生，據傳還有 350 萬人因此餓死，朝鮮官方卻形容彼次大饑荒是「苦難行軍」。

一位曾經撰寫過 50 年代末中國大饑荒的《南華早報》記者貝克爾（Jasper Becker），為了調查 1997 年朝鮮大饑荒的死亡人

數，曾經對圖門江的朝鮮難民作過採訪調查。結果顯示：這個國家的 2300 萬人中，至少 1000 萬已經死於歷年的飢餓。

朝鮮消息人士稱，最近平壤地區的確有不少迎接「苦難行軍」之舉，如每月向百姓徵收一公斤糧食等。由於遭受國際社會的制裁，朝鮮預計今後三年可能將面臨糧食不足的窘境，於是開始在全國進行節糧運動。

金正恩的父親、已故朝鮮領導人金正日，當年曾經打出「寧要核子，不要褲子」的旗號，堅持要發展核武，哪怕百姓餓得快死了，核武依舊是朝鮮第一重要的事。

韓國「Caleb Mission」援助組織曾經獲得朝鮮警方檔案，其中記載了人吃人事件：一位住在廢棄工廠宿舍的警衛，因飢餓難耐起意殺人，把一位正在宿舍熟睡的男子用斧頭砍死煮食，還將吃不完的當成羊肉在市場上販售。行凶吃人者最終被揭發出來遭逮捕。

另據一位脫北者稱，2006 年他曾經親眼目擊德城（Doksong）一對父子因為吃人肉，被行刑隊當眾槍斃。2009 年，惠山（Hyesan）一位男子也因殺死並吃掉一位少女而被判處死刑。

朝鮮想武力統一和與美國建交

朝鮮搞核武，一方面是為了軍事上統一韓國，一方面是為了以擁核國的身份與美國建交。

文章還寫道，朝鮮進行第三次核試後，其工作重心由「闖關製核」調整為「迫使國際社會承認其核國身份」，即俗語所稱「先生孩子，後報戶口」的「報戶口」階段。因此，自 2013 年 5 月

派特使訪華、6 月提議與美國舉行高級會談以來，朝鮮展開活躍的外交攻勢，迫使國際社會「習慣於」同有核的朝鮮打交道，最終迫使其承認自己的核國地位。

但習近平一直不理金正恩，朝鮮的核外交並未取得突破，但國際社會不時有綏靖主義和機會主義泛起，但面對一個以戰爭邊緣政策為行為方式的核朝鮮，中國只能通過實施「贖買政策」來維持朝鮮對華友好的「意願」，這似乎成為中國一個沒有選擇的選擇。

2012 年 7 月 31 日至 8 月 2 日，朝美雙方在新加坡進行「議題廣泛」的高層祕密接觸。據同年 8 月 16 日美國《外交政策》雜誌透露，會晤中朝方代表坦告美方：朝現領導人同其前任一樣，維持「沒有永久的敵人，也沒有永久的同志」這一基調。因此，中國即使想討朝鮮喜歡，是否持續有效也是值得懷疑的。

也有人建議中國承諾保護朝鮮，從而讓朝鮮無核化。但專家認為，這僅僅從中國單方面需求考慮問題，完全無視朝鮮的主觀意願。1955 年 12 月朝鮮在反對「延安派」的鬥爭中提出「樹立主體，反對事大主義」，朝鮮數十年來奉行不渝。假如中國政府果真向朝方提出這樣的建議，朝鮮方面必定會認為中國企圖恢復宗藩關係，是侵犯其主權和尊嚴，定拍案而起。

2009 年 7 月 23 日，中國高級外交官在泰國呼籲重啟朝核問題六方會談並表示中國將為此「竭盡全力」，7 月 27 日朝鮮作出回應：「朝鮮視主權和尊嚴為生命，認為朝鮮是呼之即來、揮之即去的國家，其本身就是愚蠢和不可理論。」

有學者說，所謂中朝「血盟」，純屬中國的單相思，朝鮮對所謂「中修」的仇恨，一點不亞於中蘇翻臉後北京對「蘇修」的

仇恨，只不過因為在物質援助上有求於中國，才不得不給中國留點面子而已。

在朝鮮一再宣示「永不棄核」以後，中國開始出現一種失敗主義思潮，認為不應再主張維護半島無核化，應把追求的目標由要朝棄核改為對朝鮮核武器進行「管理」。張璉瑰說：「這是一種不具任何現實意義的空想。朝鮮砸鍋賣鐵搞出來的核武器會讓外人去管理？在包括安理會在內整個國際社會都反對朝鮮進行核擴散的情況下，有關國家都沒有魄力和決心阻止朝鮮擁核，在公開承認『維護半島無核化』之努力失敗以後，就有能力和辦法『管理』朝鮮核武器？大概沒有多少人會相信。」

「只有在一種情況下朝鮮才有可能讓中國去『管理』，這就是在朝鮮一味推進核計畫過程中，出現了核事故，朝鮮束手無策。這時朝鮮很有可能會邀請中國人到現場參觀，並下『最後通牒』：中國必須馬上出錢、出人、出技術替朝鮮排除核事故，否則中國將有池魚之殃。屆時中國面臨的將是又一個別無選擇。被迫出力為朝鮮消除核事故，是被綁架、被脅迫，是損財而受侮。」

此前「六方會談」的困境

有學者在《中韓必須合作，朝核問題才有出路》一文中說：「必須清楚，朝核危機最大的受害者不是美國，是中國和韓國。在朝核問題上，中韓兩國必須承擔自己的責任，必須合作，共同解決朝核危機。」

這對韓國不是問題，韓國早就表現出跟中國合作的強烈意願。早在 2013 年，韓國國防部就明確宣布，不加入美國彈道導

彈防禦計畫。這麼做當然是因為不願傷害中韓關係，為朝核問題上可能的中韓合作留出空間。2014 年，韓國總統更是頂著國際社會的壓力，接受中國邀請登上北京大閱兵的觀禮台，目的也是希望加強中韓合作，以遏制朝鮮的核武計畫。

但無論朝核危機如何升級、半島局勢如何惡化，也無論韓國如何焦慮、如何從滿懷希望一步步走到失望，最後走到絕望，中國政府永遠以不變應萬變，永遠只有「六方會談」一味藥。

中國堅持六方會談的意圖，說穿了就一個，既要保證「金家王朝」的安全，又要實現朝鮮去核化，即熊與魚掌都要。但近年的局勢演變已經證明，保證「金家王朝」的安全跟朝鮮去核化，是彼此衝突的兩個目標。「金家王朝」早已經窮途末路，除了發展核武，沒有任何可以保護其政權安全的手段。它必須靠核訛詐才能得到基本的物質供應，維持基本生存。

在這樣各種紛繁複雜的大背景下，我們再回頭詳細回顧這十多年朝鮮核武是如何一步步走過來的。

第二章

朝鮮用核武
來恐嚇與乞討

朝鮮金正日、金正恩父子對中共國一直表面聽命、背地詭詐，隨著國際局勢和國內經濟需要而反覆變換策略，多年來在幾個大國間利用核武玩政治平衡，藉以鞏固金家統治。中共幾十年間的輸血，豢養了金家三代獨裁著，而朝鮮百姓卻一直處於水深火熱之中。

2009 年 7 月 10 日韓國抗議民眾在一場示威活動中焚燒朝鮮國旗及假核試飛彈。（AFP）

第一節
朝鮮核問題概述

「抗美援朝」真相和南北對峙的繼續

　　1950 年 6 月，朝鮮出兵侵略韓國，在聯合國制裁決議的布署下，以美軍為主的維和部隊進駐韓國，抵制金日成發動的內戰。而這一史實卻被中共歪曲成「美帝國主義侵略朝鮮」，並號召全中國人「抗美援朝」。韓戰中，中方和朝鮮部隊一度節節敗退，後在中共不惜一切代價的人海戰術中，拿中國人的血肉去拖延美軍行動，雙方最後達成停戰協議，並把北緯 38°線定為分界線，即三八線，把一個民族分成了兩個國家；而美軍也一直在韓國設有軍事基地。從那以後，朝鮮成了中共與美日之間的緩衝區。

　　冷戰時期，東北亞地區形成了北部以蘇聯、中共和朝鮮為一體的社會主義陣營，而南部是以韓國、日本和美國為聯盟的自由社會。兩大陣營意識形態上的對立，導致和維持了朝鮮半島南北

的分裂對抗局面。

冷戰結束後，國際局勢由以往的兩極化格局邁向多元化的多邊合作關係。目前國際社會在朝鮮半島問題上的主要重點是制止衝突、消除危機，而不是協助韓國統一。一旦韓國統一了朝鮮，就會令中共感覺頓失國防屏障；一旦朝鮮戰勝了韓國，美國將失去其在東亞地區的著力點。目前無論何方都抱著維持現狀的心態。

中共加強對朝鮮半島的控制

隨著韓國經濟的崛起以及「北方外交」政策的實施，韓國於 1990 年及 1992 年分別與蘇聯及中共建交，這讓平壤方面感到了孤立。蘇聯解體後，朝鮮受大環境影響，採取緩和的作法逐漸改善與韓國的關係，而韓國由於經濟發展，特別是 20 年前當俄羅斯經濟蕭條、中國對外開放時，韓國擺脫了以往政治上對俄國及中共的畏懼心理，反而在經濟上形成了俄羅斯甚至中共依賴韓國的局面。

中共為了確保在東北亞地區的主導權，認為同時加強與韓國、朝鮮的聯絡可增強對朝鮮半島的影響力，並可制衡美國與日本在此一地區的活動，有助於中共的勢力擴張。於是中共在朝鮮半島上採取「政治朝鮮、經濟韓國」的「等距外交」政策，從過去堅決支持朝鮮的政策，改為支持南北兩韓以聯邦制和平統一，在不斷照顧共產小兄弟朝鮮的同時，積極發展與韓國的關係，加強對朝鮮半島的控制。

朝韓關係 朝鮮威脅利用韓國

在李明博 2008 年上任之前的十多年裡，面對朝鮮在核武器上的撒野，韓國出人意料的表現冷漠。除了「停運大米和化肥」的象徵性「制裁」外，韓國甚至聲稱不會改變與朝鮮接觸的「陽光政策」。當朝鮮不斷發射導彈直接威脅日本安全時，日本提出可能考慮「先發制人」，如摧毀瞄準日本的朝鮮導彈基地，韓國不是譴責朝鮮，而是高分貝的譴責日本，稱其為「侵略主義本質」。

外界評論說，韓國對朝鮮的「寬容、同情」，與國際社會的強烈反應不成正比，原因在於此前韓國正由左派當政，對殘暴的金正日獨裁政權頗多包容；同時韓國民間那股躁動不安的極端民族主義情緒，也為金正日的「跳高運動」作了背書和掩護。

保守派總統李明博表示，不會像以往自由派那樣，幾乎不加監督、也未經公眾評鑒就把數十億美元的援助投向朝鮮，他希望南北雙方間的關係更為「真誠」，韓國的一切援助都將取決於平壤所作的回應。朝鮮對此回應威脅說，要讓「韓國在一片火海中化為焦土」，並三番五次稱李明博為「賣國賊」。

朝鮮發展核武的歷史

朝鮮以彈丸之地的小國寡民，能在世界舞台上占有一席之地，靠的就是它搞出了個「朝鮮核問題」。朝核問題指的是朝鮮藉口開發民用核電站而背地裡搞核武器，並企圖利用導彈發射到他國，從而引發的一系列地區安全和外交等國際性問題。一般牽扯到另外五方，即美國、韓國、中國大陸、俄羅斯和日本，這六

方聚焦在一起開會，就是前些年經常聽到的「六方會談」。

六方會談從 2003 年至 2007 年先後共舉行過六輪。2006 年 10 月 9 日，朝鮮不顧國際社會的反對，成功進行了核子試驗，所造成的朝鮮半島危機延續至今。2009 年朝鮮宣布退出之後，六方會談至今一直沒有復會，被普遍認為已經名存實亡。

據維基百科介紹，朝鮮先天有發展核武的優勢：它自產鈾礦，光是平壤附近的順川和博川礦山就是中型鈾礦。該兩處礦藏就近位於首都重兵力的防禦範圍內，除非全面開戰否則不可能以任何有限規模戰爭拿下。

朝鮮在 1956 年與前蘇聯締結「核能研究合作計畫」，並每年派遣數十名科學家到莫斯科的「核子研究中心」學習，更與東歐各國進行技術交流。1962 年在距平壤北方 90 公里的寧邊地區設立核能研究所興建反應爐。1974 年加入國際原子能機構後，朝鮮於 1985 年加入《不擴散核武器條約》。約在 1980 年代初開始在寧邊建造第二座反應爐，這個 5000 萬瓦的研究反應爐於 1987 年開始運轉每年可生產約 700 公斤的鈽，有潛力足以每年製造一到兩枚核子武器。

美國從 1970 年代起就關注朝鮮的核項目，1988 年下半年美國正式對國際宣稱朝鮮有可能正在開發核武器。不過直到 1994 年 5 月 30 日，聯合國安理會才提出對朝鮮進行核項目調查並對其進行制裁。1994 年 6 月，美國總統卡特前往平壤斡旋，與朝鮮政府達成了《朝核問題框架協定》。不過由於朝鮮的狡猾和卡特總統的想當然，此協議後來引發了很多問題。

按該協議的要求，朝鮮必須凍結其各種核項目，並在所有核設施上加裝監控系統，禁止一切關閉項目的重啟；與此同時，美、

日、韓三國必須協助朝鮮拆卸石墨反應堆，幫助朝建設兩座輕水反應堆，並每年給這三國提供重油。由於要建成兩座輕水反應堆，美日韓三國的資金缺口是 45 億美金，由於資金不到位，承諾一拖再拖，於是朝鮮抓到了把柄，開始與美國討價還價。

美國強硬派共和黨一向反對前任制定的《朝核問題框架協定》，小布什總統上台後，於 2002 年初把朝鮮列為「邪惡軸心」，成為美國核打擊對象之一。

2002 年 10 月，美國透過偵察機構掌握了朝鮮仍在祕密研製核武器的證據，從而對朝鮮核項目再次提出異議。朝鮮當即承認了美國的指控，稱在巴基斯坦協助下祕密發展核武。不過很多專家認為，巴基斯坦的核技術是中共給的，巴方再轉手給朝鮮，背後很可能是中共授意或變相支持的。

由於朝鮮當局堅持能源短缺理由，拒絕美國提出的先停核項目再談能源問題的提議，朝鮮核危機正式爆發。

2005 年 2 月，朝鮮在官方電視台的新聞節目中正式宣布國家擁有核武器。2006 年 7 月 5 日，朝鮮在無預警情況下試射核武器「大浦洞二號」、「蘆洞」及「飛毛腿導彈」等七枚導彈，並全部落入日本海。10 月 9 日上午 9 點 35 分 33 秒，朝鮮在咸鏡北道吉州郡舞水端里一座 360 米高的山的地下水平坑道進行了一次地下核爆，造成規模 3.6 的人工地震，相當於 800 噸三硝基甲苯炸藥（TNT）爆炸產生的震度。當即東南亞股市下跌，不過大陸股市卻逆市向上。

2006 年 10 月 14 日，聯合國安理會一致通過第 1718 號決議，決定針對朝方核、導等大規模殺傷性武器相關領域採取制裁措施。

2007 年 7 月 14 日，朝鮮對外宣布關閉了寧邊核設施。不過

據十年前投誠韓國的前朝鮮勞動黨國際事務書記黃長燁證實,此次協議要求關閉和封存的朝鮮寧邊核設施十年前就已廢棄。

韓國的「朝鮮專題新聞」發表社論說,朝鮮通過此次北京協議保留了已有的必要核武器的情形下,只輕鬆處理掉已經完成自身使命的寧邊核設施,便得到相當於 100 萬噸的能源和食品。很多專家學者認為,北京負責的六方會談,不過是為了拖延時間,讓朝鮮在得到援助的同時,爭取核試的研製時間。

2008 年 10 月 11 日,由於朝鮮向六方會談代表團提交其國內核子項目及核子設施清單,美國同意把朝鮮從「支持恐怖主義國家」名單上除名。然而 2009 年 4 月,朝鮮又發射了一枚飛越日本的遠端火箭,遭到聯合國安理會譴責,朝鮮當即聲稱重新啟動其鈽濃縮反應堆,並命令在其主要核設施內的國際監督人員離境。

2009 年 5 月 25 日上午,朝鮮再次進行了一次核子試驗。6 月 12 日,聯合國安理會一致通過 1874 號決議,對朝鮮再次進行核子試爆提出最嚴厲譴責,要求朝鮮立刻停止核武計畫及試射彈道飛彈;加強對朝鮮的經濟制裁,並授權各國可攔檢朝鮮的可疑船隻及貨物。

2013 年 2 月 12 日,朝鮮進行了第三次核子試驗。3 月 11 日宣布 1950 年代簽訂的《朝鮮停戰協定》完全無效,進入準戰爭狀態。

2014 年 11 月 18 日,聯合國第三委員會第一次通過有關朝鮮人權問題的決議案後,朝鮮當局對此表示「強烈抗議」,並聲稱無法克制核子試驗。

2016 年 1 月 6 日,朝方進行第四次核試驗,宣布半島有史以來第一枚氫彈試驗成功。但爆炸當量根據外界偵測似乎只達到原

爆等級，遠不及核爆，然而也有分析表示可能是一種小型可攜帶氫彈，以低威力換取超小型的體積，容易運輸和隱藏，甚至販賣給恐怖組織。

2016 年 9 月 9 日，朝方再次宣布核試驗成功，被認為是歷次核試驗中規模最大的一次。這是朝鮮第五次核爆試驗。

2017 年 4 月，唐納‧川普政府計畫改變美國對朝鮮 20 多年的政策。為應對即將到來的朝鮮第六次核試驗，美國兩個航母戰鬥群開向朝鮮半島，並對朝鮮提出嚴正警告。

附錄：全球擁有核武器的國家一覽表 （來源：維基百科）

國家	彈頭數量（布署／總數）	首次核測試	最後一次核測試	《全面禁止核試驗條約》簽署情況
《不擴散核武器條約》中提及的五個擁有核武器之國家				
美國	2150 枚／8000 枚	1945 年的三位一體核試	1992 年的儒略行動（Operation Julin）	簽署條約
俄羅斯	1800 枚／10000 枚	1949 年的 RDS-1 原子彈試驗	1990 年 10 月 24 日	正式批准
英國	160 枚／225 枚	1952 年的颶風計畫（Operation Hurricane）	1991 年的巨林·布里斯托核試驗（Julin Bristol）	正式批准
法國	290 枚／300 枚	1960 年的藍色跳鼠核試驗	1996 年的克蘇托斯核試驗（Operation Xouthos）	正式批准
中國	未知／預計 240 枚	1964 年的 596 核子試驗	1996 年 7 月 29 日的地下核武器測試	簽署條約
非《不擴散核武器條約》提及但擁有核武器之國家				
印度	未知／80 枚至 100 枚	1974 年的微笑佛陀核試驗（Smiling Buddha）	1998 年的博克蘭 -II 核試驗（Pokhran-II）	尚未簽署條約
巴基斯坦	未知／90 枚至 110 枚	1998 年的賈蓋 -I 核試驗（Chagai-I）	1998 年的賈蓋 -II 核試驗（Chagai-II）	尚未簽署條約
朝鮮	未知／小於 10 枚	2006 年的核武器試驗	2013 年的核武器試驗	尚未簽署條約
尚未申明擁有核武器的國家				
以色列	未知／80 枚至 200 枚	可能為 1979 年船帆座事件（Vela Incident）的起因	未知	簽署條約

第二節

2009 年中國首次譴責朝鮮

隨著朝鮮第二代領導人金正日身體的日漸衰弱，在權力交接的時刻，朝鮮選擇冒險玩弄核武器，其目的到底為何，成為各界關注的話題。（AFP）

概括地說，朝鮮已發射過七次導彈，做了五次核爆實驗。隨著這一次次的出爾反爾的敲詐、勒索，朝鮮獲得了眾多無償援助，整個國家就靠這些訛詐乞討得來的物品存活。

有關朝鮮藉核武恐嚇乞討的具體案例，以 2009 年 7 月美國國慶節當天朝鮮發射七枚導彈為例，從中可看出中共和朝鮮是如何玩弄國際社會的。

2009 年 7 月，朝鮮不斷連續發射導彈成為全球普遍關注的焦點話題。面對國際社會的不斷施壓和制裁措施，朝鮮的對抗也相應升級，甚至公開宣布將以戰爭對待。隨著朝鮮第二代領導人金正日身體的衰弱，在權力交接過程中，朝鮮為何選擇冒險政策，開始玩弄核武器？而他最大的資助盟友中共在其中所扮演的真正角色也成為朝鮮核危機中最敏感和關鍵的問題。

朝鮮 7 月 2 日試射四枚短程導彈後，在美國迎來獨立紀念日（4 日）之際，朝鮮 4 日（當地時間）向東海上空發射了足足七枚短程導彈，聯合國安全理事會 7 月 6 日發表聲明，譴責朝鮮最新一輪導彈發射違反安理會各項決議，對區域和國際安全構成威脅。祕書長潘基文表示，朝鮮的導彈發射將所有溝通和對話的大門全部關閉。

白宮靜悄悄

美國總統奧巴馬當天在電台直播的獨立紀念日對國民演說中絲毫沒有提到朝鮮問題，接受美聯社採訪時也只就伊朗核問題表明立場，但對於朝鮮問題，乾脆隻字未提，就連白宮和國務院發言人也沒有發表任何評論。

就此，一位不願透露姓名的奧巴馬政府高層官員在接受美聯社採訪時表示可能是為了避免給予朝鮮關注而沒有做出任何回應，暗示美國政府此次很有可能是有意而為之。

中國問題專家伍凡表示，奧巴馬可能還在觀察之中，另外也可以說是美國有意識不理會朝鮮的行動，看朝鮮還有多少能力發射多少枚導彈，等發射完了再和你談判，也是一種策略。

伍凡認為朝鮮在整個全球的政治、經濟、軍事、外交事物中不是個重點，這個流氓獨裁政權沒有什麼實力。他猜測，奧巴馬認為朝鮮不會有太大的動作可行，不需花太多精力去重視它，他目前關注的是經濟。但同時美國也在和日本商討核保護的問題，讓美國的核武器來保護日本，不受朝鮮挑釁；同時在東南亞作軍事布署，來穩定這一地區。

朝鮮威脅將以戰爭回應國際社會的制裁。伍凡表示，這一動作並沒有什麼實際威懾力，做做樣子而已。朝鮮老百姓餓著肚子，都在往外跑，連軍人都吃不飽，還有什麼力量發動戰爭，目前，美國全面監控朝鮮的海、陸、空，並未發現朝鮮有大的軍事調動。「這戲演不長。」

2009 年 7 月 5 日，「路透社」援引最近剛剛到達韓國的朝鮮人的話，對朝鮮現狀做了十分悲觀的描述。該社新聞稿稱，「朝鮮正慢慢地失去控制。」「朝鮮經濟不能正常運轉，由於告密人遍布各地，人們相互猜疑。」朝鮮軍隊士氣「低落」。

隨著金正日身體的逐漸衰弱，在權力交接敏感期間朝鮮冒險玩弄核武器。伍凡認為是被中共利用對抗美國的同時，也為他 20 幾歲的兒子接班，延續金家王朝的繼承顯示力量，演戲給國內老百姓看。另外沒有了金正日，朝鮮共產黨的政權統治會很危險，發射導彈也是為凝聚朝鮮軍隊內部鼓舞氣勢。

中共試探美國人反應

中美關係對中共來說是影響最大的一個國際關係。著名人權人士、中國問題專家魏京生表示，每當美國新一任總統上任、新政府上台後，中共肯定要在外交上試探地摸一下美國的底，光靠嘴上說不行，製造一些事端，看你有什麼反應，從而看你對其他事情的反應，為更大的事打一個前戰。按中共的話來說叫火力偵察。過去朝鮮的很多作為都是如此，為符合中共外交上的目標而服務。國際社會和各西方媒體往往搞不懂朝鮮為什麼要這麼幹，實際看朝鮮的動機要看它背後的因素。

中共拿朝鮮射飛彈作為他外交手中的籌碼和王牌與奧巴馬談判，讓美國在經濟上做出讓步：像過去一樣用巨額貿易逆差來補貼中共。因為中共已經感受到西方社會不能再忍受大量巨額貿易逆差，在這種情況下，國際社會就會自然抵制中國貨，力求得到貿易上的平衡，這也是中共最害怕的一件事。

所以說，奧巴馬必須要做一個很大的選擇，經濟和政治與安全事務都是連在一起的，要救美國就要消滅貿易逆差，若消滅貿易逆差，中共可能就會利用朝鮮來惹事端。

魏京生認為，中共選擇這個時機，冒這個大風險，是因為看準了奧巴馬是個外強中乾、只會說漂亮話的新手，絕不敢做出甘乃迪總統那樣大膽的決策。這場豪賭如果贏了，中共就可以逼迫美國繼續犧牲自己來援助中共，幫助其度過危機，迫使它在救美國還是救中共之間做選擇。特別是中共用朝鮮核武器作為威脅以後，就沒有選擇折衷的餘地了。

沒有中共援助 金正日無法維持政權

經濟上，朝鮮一直依靠中共，吃的、用的、能源，各方面養活它。朝鮮的實力還不如伊拉克和伊朗，但美國不願輕易動朝鮮，因為中共就像黑社會老大一樣保護著它，這是朝鮮在安全上依賴中共的意義。魏京生形容：「沒有中共的援助，金正日根本無法維持他的政權。朝鮮就像中共手裡牽著線的木偶。」

《朝鮮日報》2009 年 7 月 6 日報導，貧窮的朝鮮據估計已花費 7 億美元在核試爆和導彈試射上，（這些錢）足夠解決朝鮮的糧食短缺問題至少兩年。

世界糧食計畫署朝鮮地區主任托本・迪尤 7 月 1 日表示，朝鮮正處在一場新的糧荒中。預計約有 870 萬的朝鮮人需要食物援助，超過朝鮮 2300 萬人口的三分之一。

他表示：「自 5 月朝鮮進行核子試驗後，世界糧食計畫署就再沒收到任何對朝捐助了。」到目前為止實際收到的捐助只達到預期 5 億美元的 15％。世界糧食計畫署 2009 年原定提供 620 萬朝鮮民眾糧食援助計畫已被迫削減為 227 萬人。

提供朝鮮 80％原油及消費物資 且越給越多

過去幾十年，中共一直是朝鮮最忠實的「朋友」，甚至是唯一的「朋友」，如同毛澤東曾說的「唇齒相依」。中共不僅供應朝鮮核武技術和原料，為了徹底控制朝鮮，它還把朝鮮的經濟命脈牢牢控制在手裡。

日本《讀賣新聞》2009 年 5 月 27 日報導指出，中共提供朝鮮 80％的原油及 80％的消費物資，掌握朝鮮金正日政權的生命線。據韓國統計，中國占朝鮮的總體貿易額比例自 2003 年的約 32％逐年攀升，2008 年已達 73％。

據悉在過去，中共對朝鮮的援助每年在 1 億至 2 億美元左右，最近幾年援助力度加大。2005 年中共一次給了朝鮮 20 億美元，在 2006 年到 2010 年期間總共要給出 75 億美元。2008 年以貿易順差形式的援助達 13 億美元，比 2004 年增加了六倍多。

朝鮮和中共演雙簧

魏京生表示，在過去歷次朝鮮進行核試或者導彈試射時，中共都與朝鮮一起演雙簧：一個演紅臉，一個演白臉。朝鮮鬧事、中共裝好人。國際輿論認為中共為了不讓共產兄弟解體而「縱容」朝鮮。事實上，中共就是朝鮮對國際社會進行一系列訛詐行動的直接策劃者和操縱者。

他們這樣做的重要原因是因為中共自己不方便使用核武器來進行訛詐，但如果是金正日這樣一個瘋子般的人使用核武器來進行訛詐的話，就什麼事情都幹得出來，這才對亞洲安全造成了一個現實的危機。這張牌對國際尚能奏效。

中共背後操控朝鮮核試

2009 年 4 月 5 日的朝鮮遠程導彈試射之前的 3 月 17 日，朝鮮內閣總理金英日就抵達北京朝拜中共大佬，名義上是談生意，實際上是談核武。

據中共核工業部消息人士透露，來自中國的各種物資和原料一直源源不斷地跨過鴨綠江送往朝鮮。朝鮮的核技術人員一直是在中國接受訓練，最尖端技術都來源於中共。中共實際上控制著朝鮮核試驗的關鍵原料和技術、尖端技術人員，甚至有些實驗都是在中國核基地祕密完成。

一位長期從事核研究的中國頂尖科學家透露，中共若真要想朝鮮停止核試，只要停止供給相關資金和技術，朝鮮單靠自己的力量無法承擔相關核試。另外，中共自己一些核數據也會通過

朝鮮進行。中共內部官員都很清楚「沒有中共支撐，朝鮮立即就垮」。

魏京生在分析 2006 年的朝鮮核試時就曾經指出，那次朝鮮是「小當量」核試驗，這是難度大的「戰術核技術」，越小的核武器其實才是越先進的，那種戰術的核武器可能只有美國和俄羅斯才能製造。而朝鮮現在就已經開始試驗小型的核武器，這說明朝鮮的核武器根本就不是它造的，一定是中國造的。

還有專家找到證據說，就在朝鮮 7 月 2 日和 4 日發射導彈的前後，中共發送給朝鮮的各種軍用卡車增加了十多倍，這也是中共援助或獎勵朝鮮的標誌。

據韓國聯合通訊社報導，對朝消息人士 7 月 6 日表示，近一個月以來，疑似軍用的 500 多輛中國產卡車和吉普車出口朝鮮。7 月 4 日晚，30 多輛無牌照綠色卡車經由遼寧丹東「中朝友誼橋」列隊駛往朝鮮。此外，6 月 12 至 15 日，320 輛東風牌綠色卡車和 50 多輛北京軍用吉普車也經用丹東駛往朝鮮。以往偶爾有十幾輛車駛往朝鮮，但一下子有這麼多車駛往朝鮮的情況極其少見。

中共制裁朝鮮原因

在朝鮮 5 月 25 日上午進行了一次地下核試驗，隨後又接連兩天發射短程飛彈。聯合國安理會 6 月 12 日通過的 1874 決議是歷來對朝鮮制裁力度最大的一次。中共破天荒參與了制裁朝鮮。決議在武器禁運、資金凍結、公海檢查等方面比 2006 年的 1718 號決議有了進步。但在關鍵項目上，中共仍採取了「呼籲」，而不是「必須」的做法。

中國問題專家、新唐人時事評論員李天笑指出，長期以來，中共一直在技術上、培訓上、甚至原料和實驗上資助朝鮮發展核武和導彈。中共原以為它能給朝鮮一點發展核武的可能性，但又不讓它真正的擁有核武，以便在這個過程中不斷利用朝鮮核武問題迫使美國在人權或貿易問題上讓步。但現在中共想阻止朝鮮有核武都不可能了。為避免國際社會指責，於是中共順從國際制裁，撇清幫助朝鮮發展核武的嫌疑。

其次，中共對朝鮮真正擁有核武也有擔憂，朝鮮核武會刺激日本和韓國發展核武。日本一旦啟動其核技術和核資源，將很快成為核大國和亞洲第一軍事強國。另外，美國曾在韓國布署過戰術核彈。美國再次布署核彈以及韓國研發核武也是對中共的巨大威脅。所以，遏止日韓核崛起和美國在韓國布署核彈才是中共表態制裁朝鮮的用心所在。

李天笑指出，只要中共不撤掉輸朝油管，不關閉「鴨綠江通道」，再強硬的聯合國決議制裁也是徒勞無功、一紙空文。

第三節

在中俄美大國間玩恐嚇乞討

金正日（右）2011 年 8 月 21 日與俄羅斯總統梅德韋傑夫會談。這是他時隔九年後再次訪問俄羅斯。（AFP）

　　朝鮮共產極權不但把民眾搞得極端貧窮，沒有任何精神自由，百姓還不得不處在核武的困擾中。由於金正日搞核武，朝鮮遭受制裁，民眾生活才越發艱難。

　　有人也許會問，人與人之間是平等的，國家與國家間也是平等的，美國中國可以搞核武器，為何朝鮮不能搞？這主要是由於核武對全人類的危險太大，而且人與人之間的平等與國家之間的平等具有不同的屬性。

　　人與人的平等基於人是同質的自然個體，是機會的平等；而國與國是不同質的政治實體，有民主法治國家，有個人獨裁國家，有一黨專制國家，有政教合一等等。各國的社會制度不同，意識形態不同。對於不顧國際條約，有害世界和平的國家，在聯合國的框架下實行限制是很有必要的，否則就連基本的世界秩序都維

持不了。

朝鮮動輒要用核武摧毀韓國,而核爆炸的危害是幾百年也難以消除的。金正日知道美國害怕他有核武器,他就故意花大價錢從蘇聯、中共那裡購買技術,哪怕搞出的核武不能傷及美國,也能打擊美國的盟友韓國,以及美國這個「世界警察」的聲譽。每次搞核武試驗或飛彈發射前後,聯合國就要開會討論如何制裁朝鮮,這時中共就要出面來搞六方會談,會談中,朝鮮就會開口要援助:你給我什麼什麼,我就停止搞核武。一旦救援物資花光了,隔段時間,朝鮮又開始威脅要搞核武,這樣出爾反爾很多次,就像訛詐威脅人的乞丐一樣,威脅是手段,目的是乞討。

據大陸媒體報導,中共對朝援助從大米、油料到豬肉、啤酒一應俱全。當時一份 2000 年中共援助朝鮮的清單被曝光,顯示出中共對朝鮮政權的重要支撐作用。

2000 年遼寧丹東車站入朝鮮物資轉運站統計表格如下:

大米:80 批次,計 5000 車皮 16 萬噸;原木:60 批次,計 2000 車皮 10 萬方;原油:200 批次,計 7500 灌車 30 萬噸;大豆:20 批次,計 500 車皮 1 萬 2000 噸;原煤:130 批次,計 5000 車皮 18 萬噸。

此外,其餘過關軍民物資包括:

載重卡車 500 輛、紅旗轎車 20 輛(應該是給朝鮮領導人坐的)、水泥 1 萬噸、空調器 1000 台、電腦 200 台、食用油 20 萬升、生豬 5000 頭、耕牛 2000 頭(朝鮮缺乏油料,故拖拉機很多開不了,更傾向於索要耕牛)、各種工業機械 200 餘套、啤酒 2000 箱。

金正日不但算計美國和西方社會,他也不斷算計中共。比如 2011 年金正日訪問俄羅斯,他有兩個目的,一方面想從俄羅斯尋

求一條生路；另一方面，想以此在中共和俄羅斯之間尋求外交平衡，以俄羅斯牽制中共。

金正日對所謂有著「血盟」關係的中共，早就產生信任危機。據維基解密披露，2009 年 8 月金正日在平壤接見韓國現代集團會長玄貞恩時說：「我不相信中國。」儘管現代集團方面否認了這一傳言，但朝鮮對中共的猜忌似乎早已開始。

據韓國媒體報導，在金大中、盧武鉉政權的兩韓對話時期，朝鮮代表團經常對韓國代表團憤憤不平地說：「中國有許多不同的口袋，我們不知道裡面是什麼。」長年接受中共擺布的朝鮮，換取的援助僅能勉強賴以生存，這種過度依賴中共並且不得不聽命中共的困境加深了金正日的危機感。

韓國《中央日報》2011 年 8 月 31 日以《專用列車裡的對話》為題，發表了一段金正日訪俄時，在其專用列車裡與朝鮮副總理姜錫柱的「虛擬對話」，披露了金正日此行的真實意圖。

其中金正日說，此次訪俄與梅德韋傑夫舉行會談時，「必須得爭取到他們的經濟援助，而且如果允許燃氣管道通過，我們每年都能有 1 億美元的收益，就這麼放棄了確實可惜。這樣一來，是不是得給梅德韋傑夫點好處啊？就算是嘴上說說也好啊！」

他的副總理姜錫柱對此出招：「先告訴他說我們已經準備好無條件重返六方會談……暗示我們可以凍結核試驗和導彈發射（Moratorium），俄羅斯對此應該很感興趣，美國也不會忽視這個信息。這樣我們就能如願重新召集六方會談了。只要會談開始，取消經濟制裁、獲得物資支援就輕而易舉了。這也不是做了一兩天的買賣了。但關於凍結核試驗和導彈發射的消息您要說得很模糊才行，盡量保證萬一事情有變，還可以推翻。」

金正日死後，金正恩也繼承了這種在大國間玩平衡的花招。2014 年 12 月 19 日，俄羅斯發表聲明證實，俄已邀請金正恩參加 2015 年南俄國「衛國戰爭勝利日」慶祝活動。

蘇聯和俄羅斯也一直是朝鮮的軍事政治盟友。從 1940 年代到 1990 年代，蘇聯和俄羅斯向朝鮮提供了大量經濟、軍事支援，俄媒體估計總額超過 1000 億美元。此後，俄大幅削減了對朝援助，兩國關係開始走冷。

近幾年俄朝達成了一些貿易協議，雙邊貿易不斷增長。俄對朝石油出口亦迅速增長，朝鮮有意將俄作為能源供應來源國。如 2013 年 9 月，俄國有鐵路公司完成了俄羅斯哈桑至朝鮮羅津鐵路的改造工程。這條鐵路是建立與西伯利亞大鐵路相連、貫通朝鮮半島南北方運輸通道計畫的一部分。

2014 年以來，俄朝經濟合作繼續提速。3 月份，俄朝簽署包括能源合作在內的貿易協定，目標是到 2020 年雙邊貿易額突破 10 億美元。5 月，普京簽署法律，批准俄朝有關調整朝鮮拖欠蘇聯貸款債務的協定。俄免除朝鮮 100 億美元債務。此舉被視為兩國合作的一大進展。10 月份，俄朝宣布兩國銀行之間開始用盧布結算。同時，俄朝又啟動朝鮮鐵路現代化改造項目，總投資估計為 250 億美元，改造的鐵路總里程約為 3500 公里。

第三章

江派保利集團
是朝鮮核武靠山

朝鮮金家之所以窮兵黷武，特別是能以核武器持續挑釁國際社會，關鍵是中共江派的背後撐腰，其中，中共軍方企業「保利集團」便是金家實際的軍火輸送者和核武材料的靠山，而中共太子黨之一的王軍，則是保利公司的主要操盤手。

王軍的中國保利集團業務涵蓋軍品、民品國貿、房地產、礦產開發、民爆科技等，以及軍火、毒品鴉片生意。保利領導層聚集一大幫中共紅色貴族後代。（新紀元資料室）

第一節

中共分為兩派 習江生死搏鬥

在一般人看來，中共權力交接已經進行好幾代了，從毛澤東到鄧小平，再到江澤民、胡錦濤、習近平，好像一切都很順利，其實，這裡面的內鬥非常激烈。

比如，1976 年毛澤東死前想把權力傳給他的私生子華國鋒、以及其妻子江青等四人幫，但被鄧小平、一個毛時代的軍隊領袖所奪去，鄧小平利用軍事政變，抓了毛的妻子江青，並罷免了華國鋒。

鄧小平利用他掌握的軍權，實際上掌控著整個中國。他相繼把胡耀邦、或趙紫陽扶持在總書記的位置上，而一旦他們不聽他的話，鄧小平就廢除他們。

等到了 1989 年，爆發了「六四學生運動」。鄧小平為了掩蓋自己家族和中共高官的貪腐，下令用坦克槍炮鎮壓了到天安門

請願的學生。天安門大屠殺之後，鄧小平把贊同鎮壓學生的上海市委書記江澤民，提拔為中共總書記。無力治國、但擅長溜鬚拍馬的江澤民就這樣坐到了中共最高位置。

事後，鄧小平發現江澤民不願改革，而且碌碌無為。1992 年 1 月、2 月，88 歲高齡的鄧小平坐火車到南方視察時，就想把江澤民廢掉，但由於江澤民拚命認錯，鄧小平最後想出了一個辦法：用原共青團書記、西藏區委書記胡錦濤來接替江澤民，於是人們看到，1992 年 10 月召開的中共第 14 次全國大會上，胡錦濤躍升進了中共政治局常委，這七人為主的中國最高權力機構，並定好了在 2002 年時接替江澤民成為中國最高領導人。

江澤民迫害法輪功 下令活摘器官

江澤民為了樹立自己的威望，1999 年 7 月，他不顧政治局常委其他六人的反對，對修煉真善忍的民間團體法輪功發動了鎮壓。法輪功相信神佛的存在，而無神論的江澤民認為這是在和中共爭奪群眾。由於當時修煉法輪功的人數超過了中共黨員人數，江澤民出於妒忌心和權慾，而下令鎮壓法輪功。江澤民原以為只要三個月就能徹底打垮法輪功，哪知 18 年過去了，法輪功依然存在。

江澤民發動了類似毛澤東的「文化大革命」，全方位的迫害法輪功，無論是政府、軍隊、黨務、外交、醫療、教育、文化、金融，企業，也無論是城市、農村，人人都得表態支持這場對真善忍理念的迫害，從而徹底摧毀了中國人的道德觀念。

江澤民還私下動用國庫中大量的錢用在鎮壓法輪功上。為了

煽動民眾對法輪功的仇恨，江澤民下令搞出了 2001 年的所謂的
「法輪功天安門自焚案」，並下令對法輪功要「名譽上搞臭、經
濟上搞垮、肉體上消滅」，這種群體滅絕式的迫害，令江澤民集
團欠下了累累血債。

多個調查顯示，慘無人道、人類最邪惡的活摘法輪功學員器
官的罪行，正是江澤民下令執行的。

1999 年之後，中共抓捕了數百萬到北京上訪的法輪功學員，
並把他們關在祕密的集中營、勞教所中。當有錢人需要移植心臟、
肝臟、腎臟時，中共的警察和醫生就把先前驗血記錄下來的細胞
組織匹配的一位法輪功學員害死。為保證器官的活力，當人還活
著時就摘除他們的心臟、肝臟等器官，並高價賣給外國來的遊客
和國內有錢人。

2013 年 12 月 12 日，歐洲議會的議員們投票通過了一項緊急
議案，要求「中共立即停止活體摘除良心犯、以及宗教信仰和少
數族裔團體器官的行為」。2016 年 7 月 27 日，歐洲議會再次通
過制止中共活摘器官的 48 號書面聲明，來自 28 個歐盟成員國的
400 多位跨黨派的歐洲議會議員簽署了該書面聲明。該聲明要求
歐盟委員會和歐盟理事會採取行動制止中共活摘良心犯器官，包
括立即進行獨立的調查。

美國國務院的人權報告從 2011 年就提及中共活摘器官，2014
年 7 月提出的美國眾議院外交委員會 281 號決議案，「要求中共
政府馬上停止從所有的囚犯、特別是從法輪功良心犯和其他宗教
信仰及少數族裔人士身上強摘器官」；2015 年 6 月提案的美國國
會眾議院 343 號決議案，譴責中共政權認可的強摘器官行為，要
求中共立即停止摘取所有良心犯器官，停止迫害法輪功並釋放法

2016 年 9 月 12 日歐洲議會主席舒爾茨在法國斯特拉斯堡召開暑期過後的第一次全體會議上宣布制止活摘器官的 48 號書面聲明。（歐洲議會 © European Union 2016）

輪功學員及良心犯。

習江生死搏鬥 江派多次搞暗殺

江澤民除了犯下反人類的最邪惡罪行：活摘器官。他還公開提出「悶聲發大財」的治國理念，凡是支持他迫害法輪功的人，江澤民就重用他，無論這個人怎麼貪腐、淫亂，江澤民都不管，結果十多年下來，中共整個官場變成了「無官不貪」的黑幫流氓集團。

因為害怕胡錦濤上任後會清算這些罪行，江澤民下令暗殺胡錦濤。據香港媒體和美國中文媒體多渠道的消息透露，至少三次胡錦濤遭遇驚心動魄的暗殺。

第一次是 2006 年 5 月，胡錦濤到青島附近的黃海視察。胡乘坐最先進的一艘導彈驅逐艦巡視時，兩艘軍艦突然同時向該艦開火，竟然打死驅逐艦上五名海軍士兵。胡錦濤做夢也想不到有人竟敢在光天化日之下謀殺他，驚慌失措之下，他乘艦上的直升飛機直飛雲南。一個星期後才回北京露面。

本已到青島準備慶賀的江澤民空歡喜一場。事後據參與者供

認，命令是江澤民下達的，江的軍中心腹、海軍司令員張定發指揮手下人幹的。幾個月後張定發病死在北京，官方對這海軍司令的死亡的報導非常反常，既沒有悼詞，官方媒體也沒有發布其死訊，只有海軍的小報刊出一個非常短的簡訊，甚至連個黑白遺照都沒有。

第二場暗殺是在 2007 年 10 月 2 日，上海世界夏季特殊奧運會在上海隆重開幕。保衛部門在胡錦濤下榻的上海西郊賓館地下車庫內發現在食品專用車的司機坐墊下藏有 2.5 公斤裝有定時器的烈性炸藥。

第三次是在 2009 年 4 月 23 日，中共海軍史上規模最大的多國海上閱兵活動在青島海域舉行。閱兵開始前，胡錦濤得到密報：江澤民的人馬準備在 23 日早上 9 點開始的閱兵時，在 14 國海軍艦艇的面前，赤裸裸地把胡擊斃，搞個震驚世界的「黃海謀殺案」。

胡突然改計畫，先會見 29 國海軍代表團團長，同時派軍中心腹將企圖弒君的海軍艦艇官兵除掉。12 時左右，在一切搞定後，胡才身著西裝開始了閱兵。儘管胡錦濤平安無事，但他無法壓抑自己的憤怒，臉上每塊肌肉都繃得緊緊的。而旁邊站著的軍委第一副主席、江的親信郭伯雄行軍禮時，手瑟瑟發抖。

等到了 2012 年習近平上任後，江澤民更是害怕習近平反腐反到自己身邊，於是網上關於習近平及中共高層人物的暗殺傳聞就不絕於耳，僅 2013 年中共北戴河會議前後，江澤民的心腹周永康，就至少兩次試圖暗殺習近平：一次是在會議室置放定時炸彈，另外一次是趁習近平在 301 醫院做體檢時施打毒針。2015 年 6 月 11 日一審宣判，周永康被以受賄罪、濫用職權罪、故意洩露國家祕密罪，判處無期徒刑。

也就是說，中共內部不再是鐵板一塊的整體，如今的中共分為兩派：一派是因迫害法輪功而遭到全世界嚴厲譴責、幾十年來帶頭搞貪腐的江澤民集團，一派是想反對江派腐敗、想為中國做點事的習近平陣營。

由於江派犯下了反人類罪行，江派總想把習近平幹掉，從而避免自己的罪行被追究，因此，習近平與江澤民之間，暗中就在生死搏鬥，江派總想害死習近平，暗殺不成功，那就從經濟上、政治上給習近平添麻煩，凡事越亂越好，於是出現了 2015 年 5 月開始的大陸股災，以及 2015 年 8 月的天津大爆炸。

在朝鮮核武問題上，習近平陣營與江澤民派系也出現了不同的態度，習近平公開反對朝核武，習是唯一一個沒有去朝鮮、也沒有會見過朝鮮領導人的中國領導人，因為習知道，中國很可能成為朝鮮核武的最大受害者，甚至被韓國還受害大，因為朝鮮核武基地離中國最近。

第二節

朝鮮核試背後的中南海博弈

2013 年 2 月 12 日，朝鮮在北部地區地下核試驗場進行了第三次核試驗，此次爆炸力極強，且屬於小型化和輕型化原子彈。圖為韓國民眾在首爾火車站觀看電視直播。（Getty Images）

2013 年 2 月 12 日，朝鮮在北部地區地下核試驗場成功進行了第三次核試驗，和以往不同，此次爆炸力極強，且屬於小型化和輕型化原子彈。

此後約三小時，外界測得芮氏規模 4.9 非自然地震。中國地震網當日上午 10 時 57 分測到地震，位置在北緯 41.3 度，東經 129.0 度，正是國際社會一直高度關注的朝鮮核試驗場——咸鏡北道吉州郡豐溪里，距離中國邊境線僅有 100 多公里，位於朝鮮東北部的多山地區。

隨後，世界各國政府立即發表聲明予以譴責。美國總統奧巴馬發表聲明說，朝鮮的行為是「充滿極度挑釁的行為」，威脅地區穩定，違反了聯合國決議，增加了朝鮮核擴散的危險。

韓國總統李明博的國家安全顧問 Chun Young-woo 說：「朝

鮮必須對由此將產生的嚴重後果負責。」

俄國外交部在聲明中譴責朝鮮違法聯合國安理會，對它在發展核導彈計畫上的限制。

日本首相安倍晉三表示，朝鮮剛進行的核試驗「是對日本安全的威脅，也是對國際非核武器擴散條約和國際裁軍框架的嚴重挑釁。」

法國總統奧朗德稱，將與聯合國安理會成員共同對該事件做出回應。奧朗德在相關書面聲明中說，法國再次要求朝鮮不再繼續拖延遵守國際義務，開始全部、真正和義無反顧地銷毀核武器以及巡航武器。他還說，朝鮮必須停止一切引發該地區局勢緊張的行為。

聯合國祕書長潘基文說，朝鮮的核試驗「明顯和嚴重地違法了相關安理會決議對它的要求」。聯合國將盡快通過制裁朝鮮最新決議案。當天上午，聯合國安理會緊急召開會議，給予朝鮮譴責的同時表示，安理會將立即著手通過一項安理會決議，制定出「合適的措施」給予朝鮮制裁。

北京兩種聲音 突顯中共內部衝突

12 日，中共外交部在朝鮮核試驗之後五小時，發布了官方聲明，對朝鮮進行核試驗表示極為不滿，但如同前兩次回應朝鮮核試爆一樣：「堅決反對」、「朝鮮半島無核化」、「六方會談」等用詞，空洞無意義。所謂「六方會談」，從 2003 到 2007 年進行了六輪，都在北京舉行，毫無成果。2009 年，平壤單方面宣布退出「六方會談」。之後「六方會談」再未復會。

從朝鮮 2006 年首次核試爆，2009 年第二次，到 2013 年第三次，北京官方的三次聲明從內容、措辭到段落，幾乎完全一樣。唯一不同的是，此次中共外交部長楊潔篪召見了朝鮮駐華大使池在龍，就朝鮮進行第三次核試驗提出嚴正交涉，表達「強烈不滿和堅決反對」。

分析人士認為，中共第五代領導人習近平當局對朝鮮政策或正在醞釀巨變。

2013 年 2 月 13 日，新華網首頁頭條高調反對美國「制裁」保利集團「軍火外貿」的同時，卻在報導朝鮮核試的相關專題報導欄目中，大篇幅轉載美國、日本和韓國對朝鮮核試強烈譴責的新聞和圖片，藉此顯示現任政權對朝鮮核試的「另外態度」。

2 月 14 日，新華網首頁第一個大圖片報導卻是朝鮮在平壤金日成廣場舉行軍民大會慶祝第三次地下核試驗成功。平壤各界群眾和人民軍代表數萬人參加了大會。

但在首頁二條處，新華網報導了《中俄外長就朝核試通話》、《美日尋求行動》，及《美日兩國尋求在聯合國安理會對朝鮮採取「重大行動」》。

北京究竟是支持還是反對？各方看不明白。

美國制裁的中共軍火商保利集團 曾受江澤民力捧

幾乎同時，2013 年 2 月 11 日晚，美國國務院正式公布制裁的中國四家公司和一名個人的具體名單，其中「保利集團」主要由中共元老的家族經營，受到時任中共黨魁江澤民力捧，成為中共軍火外貿的「龍頭」。而創辦人之一的太子黨王軍曾積極參與

「營救薄熙來」，串聯太子黨祕密聚會整習近平、溫家寶的黑材料。

朝鮮實施核試驗的「時機微妙」。2013 年 2 月 16 日是朝鮮已故最高領導人金正日的冥誕日，此外朝鮮建國 65 周年和「祖國解放戰爭勝利」60 周年紀念日也已臨近。核試驗實施不到 24 小時，美國總統奧巴馬將發表連任後第一份國情諮文。朝鮮搶在此前進行核試驗，可謂對美發出強烈信號。

華府中國問題專家石藏山表示，新華社高調顯示保利集團與美國強烈的對立態勢，在朝鮮挑釁美國進行「核試」的敏感時刻，是奧巴馬惹火了中共薄黨大老王軍，制裁了王軍控制的保利集團，朝鮮選擇在奧巴馬公布國情諮文前夕核試，替王軍報復了美國。

不過，朝鮮的蠢動，也給美日韓等國帶來「機會」：強化美日韓軍事同盟，深化在亞太地區的軍事布署，加快在東亞地區布署反導系統……

吉林多地「地震」民眾抗議核污染

當時大陸人最關心的是，朝鮮核試驗是否影響到中國。朝鮮此次核爆仍然位於咸鏡北道吉州郡豐溪里，距中國僅 137 公里，再次給中國延邊地區造成人工地震，規模達 4.9。吉林省多個地區明顯有震感。

有消息指，此次核試驗的爆炸威力相當於其 2009 年核試驗爆炸威力的兩倍，為 3.0 萬噸 TNT 當量，即幾乎相當於美國在 1945 年投向日本廣島的原子彈爆炸威力的兩倍。

中國當局有所預知。英國廣播公司（BBC）報導，吉林省一些相關部門，如邊境署、醫療機構都事先召開了會議，做好了適

當的防毒、防控應急準備，以防核洩露造成人員中毒、水源污染，並做好了緊急疏散準備。

東北地區的老百姓十分擔憂核污染對身體造成的傷害。這種擔憂很快被網上的一些消息所加劇。2月13日，網上突然爆出一則消息：經香港靚逸環境監測數據顯示，中國圖們市核污染超過斯諾核污染最高標準1124倍，長春市核污染超過斯諾核污染最高標準501倍。

2013年2月14日凌晨，網上又登出來自日本《朝日新聞》的消息：核試驗造成的污染讓中國東北地區大部、華北局部、華東、華中部分地區，韓國、日本，包括朝鮮在內，籠罩在核物質的擴散範圍內。

上述消息被網路、博客、微博廣泛轉載，引起了民眾的廣泛關注，對於中共政府養虎為患之舉的憤怒之聲此起彼伏。據悉，雖然官方否認有核污染，稱不影響民眾身體健康，但2月14日，在東北哈爾濱、瀋陽等地仍發生了小規模的抗議。

曾慶紅周永康藉機攬局？

不過，網上搜索不到香港靚逸環境監測機構的更多信息。時政評論員周曉輝表示，曾慶紅、周永康是否在藉朝鮮核試驗攬局？

周曉輝說，事實上，利用朝鮮攬局並非曾慶紅、周永康的第一次。2012年5月，在中菲南海對峙剛剛降溫後不久，就發生了朝鮮扣押中國漁船和29名漁民事件。當時針對種種疑點，就有分析指，這是周、曾背後搞鬼。只是胡溫習識破了周等人的詭計，

很快釋放出這是「丹東黑社會與朝方不法軍警導演的一場鬧劇」的消息，避免了周藉民意攪局的企圖。

江派周永康背後控制朝鮮 核威脅國際

《大紀元》獨家獲悉，美國在國際上推廣「民主、自由、人權」的普世價值，一直受到中共江派周永康等頑固、強硬的恐怖勢力的阻擾，比如其在背後控制朝鮮、伊朗，核威脅國際、支持俄羅斯共產黨、在中國本土煽動反美仇恨等等。

在習近平 2012 年 2 月訪問美國期間，美國媒體曝出王立軍交給美國資料中有關於薄熙來政變的內容，美國在 2012 年 5 月的人權報告中加入關注中國法輪功學員器官被活摘等內容，有美媒曝光薄熙來為搶奪王立軍，布署包圍美國駐成都領館等內幕細節等。

有消息稱，2012 年釣魚島爭端也是由周永康一夥指使。親江派周永康及薄熙來的《環球時報》在釣魚島爭端中煽風點火，鼓譟開戰稱：「中日若開戰將是中國洗刷一個世紀恥辱的戰爭」，而中共軍隊鷹派代表人物之一的戴旭也直言「敢動手就幹它」。

與此同時，中共江派殘餘勢力也通過統戰部控制的海外特務系統進行煽動保釣，給胡、習施加壓力。

中共長期以來大力支持朝鮮，沒有北京的援助，金家王朝早就崩潰。而朝鮮也成為江派要挾美國及國際的棋子。此次中共官媒對朝鮮核試的反應混亂，突顯背後存在中共高層的博弈鬼影。

第三節

為保周永康 江派不惜搞核恐嚇

中共江派與朝鮮金氏家族關係密切。圖為周永康於 2010 年 10 月出訪朝鮮時，接受朝鮮前獨裁者金正日「款待」。（AFP）

在國際聚焦江澤民集團代表人物周永康隨時會被逮捕的傳言下，2013 年 7 月 3 日，被公認為中共在香港的喉舌「大公網」公開為周永康站台，藉刊文《揭祕周永康訪朝內幕》恐嚇習近平陣營和美國及國際社會。

分析稱，江澤民集團顯然欲藉此來威脅國際：若逮捕周永康，江派會不惜再利用朝鮮金家搞核武器來恐嚇美國、攪局國際。江澤民集團在內外交困的情況下，被迫亮出底牌：江派才是朝鮮背後的真正老闆。

大公網故意渲染周永康與朝鮮的關係

自王立軍出逃，周永康夥同薄熙來欲政變推翻習近平的消息

傳出後，逮捕周永康的呼聲不斷，周的親信也紛紛落馬。2013 年 4 月 29 日周永康好不容易藉回母校露露面，但並無正規媒體報導，只有該中學的校友網（還不是該中學的官方網）上面有兩篇短文，7 月 2 日大公網剛披露此事，該校友網文馬上被大陸官方緊急刪除。

2013 年 7 月 3 日，大公網又罕見用了 51 張圖片刊出《揭祕周永康訪朝 中共首次公開給金正恩的神祕禮物》。其中有些圖片並不是周永康訪朝所攝，而是周在北京接待朝鮮來的官員，且很多內容重複，放那麼多圖片也讓人覺得奇怪。

文章稱，2010 年 9 月 30 日，金正恩首次在朝鮮媒體上公開亮相。「幾天後中國共產黨派時任政治局常委的周永康率團訪朝，成員包括王家瑞和孫政才等人，名義是慶祝勞動黨成立 65 周年。周永康此訪給了金正恩一個首次公開參與外交活動的機會。」

10 月 10 日上午，平壤金日成廣場上舉行盛大閱兵式，金正恩被確立為第三代領導核心後再次公開亮相大型活動。周永康是唯一登上閱兵式主席台觀禮並與金正日全程同行的中國代表團成員。金正日還拉起周永康的手一同向人群揮手致意。周永康三天訪問期間四次會見金正日，並與其他朝鮮領導人廣泛接觸，大公網稱「可見中朝關係再掀高潮」，「但是媒體並沒有透露，周永康和金正恩是否多次會晤，特別是交流過什麼問題。」報導還加了一句：「外界也關注到，周永康率團訪問朝鮮時，孫政才和金正日以及金正恩也有過接觸，這或許成了此訪的又一大看點。」言下之意是周永康多次單獨會見金正日及金正恩。

文中圖片還介紹了周永康在人民大會堂會見朝鮮勞動黨中央書記太宗秀，周特意談到能源問題，稱自己長期在石油行業工作，

深知能源對一個國家的重要性，中方願意和朝鮮加強交流合作云云。金正恩上台後，太宗秀就被調任朝鮮勞動黨咸鏡南道黨委責任書記，而朝鮮核試驗基地正位於咸鏡道。

大陸媒體強調周永康給金正日帶去禮物，幾年後，當發現周永康與朝鮮核武有關係後，人們猜測，莫非周永康給朝鮮帶去了他們最需要的氫彈技術和原料，金正日才那麼高興地款待周永康？而周永康也想給自己政變失敗後找個退路。

朝鮮核武受中共控制

中共與朝鮮的關係，「文革」時可以說是兩個共產極權之間的關係，而最近幾十年，中共先是違背核不擴散協議，私下傳授和支持朝鮮搞核武器，然後在背地裡利用朝鮮在前台演雙簧，用核武器威脅國際社會，從而讓西方國家不得不邀請中共充當調停者，卻在人權方面對中共採取妥協態度。「北京六方會談」多年來毫無進展，就是因為陷入了中共的圈套。

在中共內部，負責聯絡朝鮮的大多是江派人馬。人們從最近一次朝鮮核試驗就可看出端倪。

2013 年 2 月 11 日，美國國務院網站在當地時間 11 日晚，正式公布題為「防止向伊朗、朝鮮和敘利亞擴散法」的聲明，對多國企業和個人實施制裁，其中包括保利集團、深圳市倍通科技有限公司、中國精密機械進出口公司、大連盛輝公司等中國企業和個人。保利集團是由中共前軍頭王震的兒子王軍控制。為了報復美國的制裁，中共下令朝鮮採取行動，結果第二天的 2 月 12 日，朝鮮進行了第三次地下核爆炸試驗。

人們發現，往往朝鮮有意通過核試挑釁美國的時候，大多涉及中共內部強硬派對美國的威脅行動，或出於中共內鬥需要來捆綁中南海政治對手。

除了周永康跟朝鮮親近外，江澤民的「軍師」曾慶紅，也曾與金正日打得火熱。2001 年 3 月曾慶紅為江出訪打前戰前往朝鮮時，受到了金正日的熱烈歡迎，朝鮮後來還特意發行了曾慶紅與金正日在一起的郵票小型張。

朝鮮捲入中共高層內鬥

維基解密 2011 年 8 月 30 日公布一份資料透露，早在 2010 年 2 月美國駐首爾大使館發回美國華府的祕密電報稱，韓國外交部次長千英宇 2010 年 2 月 17 日告訴美國大使，中共高層對朝鮮的態度有分歧。朝鮮的經濟已經崩潰，其政治將在金正日去世後「兩到三年內」崩潰。

中共高層對朝鮮態度的分歧，可體現在 2013 年 4 月的博鰲論壇上，剛剛上任的習近平第一次在國際社會面前亮相時就明確表示，沒有一個國家應該被允許因為「一己之私」而攪亂世界和平。雖然習沒有直接點名朝鮮或提及核威脅，但《華爾街日報》4 月 8 日報導認為，這是中共公開責備平壤的一個重大動作，文章還稱，習近平這樣說話，不得不擔當很多國內政治風險，因為中共解放軍內部對朝鮮強烈支持，習對朝鮮的譴責，等於戳到了有些軍人的痛處。不過大陸輿論越來越反對朝鮮，一些學者在公開呼籲中共拋棄這個曾經被宣傳為「唇齒相依」的社會主義鄰國。

4 月 13 日，中共國務院總理李克強在中南海紫光閣與美國國

務卿克里見面時也表示：「在半島和本地區挑事生事，會損害各方利益，也無異於搬起石頭砸自己的腳。」李克強力挺習近平態度明顯。

薄周政變 朝鮮是退守地之一

2012 年 2 月 6 日，王立軍出逃美國使館時上交了很多祕密材料，其中包括薄熙來夥同周永康搞政變推翻習近平的陰謀。這個政變陰謀從 2008 年左右開始實施，計畫安排得很周密，連「新政府」誰當什麼官都做了安排。比如，司馬南出任中宣部長、趙本山任文化部長等。不過外界一直沒有得到消息，假如政變失敗，薄熙來與周永康是否安排了退路？應該退到何處才能留得青山在不怕沒柴燒，等待機會再度「鬧革命」呢？

據說，薄熙來、周永康為政變失敗準備了三條退路：

一是退守四川和雲南，利用成都軍區和昆明軍區的人馬，憑藉蜀道難的地理優勢來抗衡中共中央。二是退守新疆，新疆一直是周永康的地盤，而且近年來薄熙來的密友王軍從中信退休後，也不斷在新疆發展，從王震時代新疆就是左派的領地。薄熙來出事後，第一個帶頭營救薄的太子黨就是王軍。三就是退守朝鮮，王軍通過保利給朝鮮提供核武器，自然能夠使之聽命於自己，利用核武器來威脅中南海，中南海沒有不讓步的，否則魚死網破，同歸於盡。

第四節

保利王軍與薄熙來深度糾結

朝鮮核試爆把薄黨主要成員王軍控制的保利集團「擺上台」，朝鮮核實驗的背後或有王軍的鬼影。（新紀元資料室）

朝鮮核試背後有保利的鬼影

2013 年 2 月 13 日，新華社在頭版大頭條強調保利集團高調反對美國制裁的同時，也報導了世界各國強烈譴責朝鮮進行的第三次核實驗。可以說，朝鮮核試一定程度上將習近平在國際上「擺上檯」的同時，也把中共太子黨、薄黨主要成員王軍控制的保利集團「擺上檯」，有人甚至懷疑朝鮮核實驗的背後有王軍的因素。

2 月 11 日，美國國務院網站在當地時間 11 日晚正式公布了一周前以《防止向伊朗、朝鮮和敘利亞擴散法》制裁的中國四家公司和一名個人。這四家中國公司和個人被指控向伊朗、朝鮮和敘利亞輸送的設備、服務與技術，可能有助於這些國家製造大規模殺傷性武器以及巡航或彈道導彈。根據規定，今後美國政府機構不得與受制裁公司或個人進行業務往來，提供協助參與政府計

畫。此外，軍事和國防物資的交易，也依《武器出口管制法》規定生效而中止，美方不得向被制裁的個人發出交易許可，已經發出的許可證也將注銷。

早在 2011 年 5 月，美國國務院就曾宣布對包括大連盛輝公司和李方為在內的 16 家企業或個人實施制裁，這次保利集團是新加的。該制裁已於 2013 年 2 月 5 日正式生效，期限為兩年。

2013 年 2 月 13 日，新華網以《商務部：美國制裁中國有關企業擾亂國際貿易秩序》為題，表達對美國制裁的「堅決反對」，保利科技有限公司也發表聲明稱自己遵紀守法，美國依據其國內法律對保利的制裁「是毫無根據和毫無道理的」。

然而眾所周知，保利集團是中共軍火外貿的「龍頭」，保利曾在自己的集團主頁上炫耀說，自己連玩導彈進出口的資質都有了。伊朗、朝鮮等核武器不會從天而降，此前很多調查發現，這些邪惡軸心國的很多武器就是中共出售的。中共商務部和保利的否認根本站不住腳。

網上有消息說，正是因為保利長期給朝鮮提供各類軍事物資，朝鮮才一直聽命於周永康以及保利的實權人物王軍等人。這次保利 11 日被美國制裁，朝鮮 12 日搞核實驗，不排除王軍等人的報復因素。

「保利」背景大起底

1983 年，解放軍總參謀部、中國國際信託投資公司（簡稱中信公司）聯合組建了一家對外貿易公司：保利科技有限公司，當時王軍已在中信工作。時任中信公司總經理徐兆龍為公司起名

「保利」，取「保衛勝利」之意，其英文名 Poly 恰與中文「保利」發音相同，而且其公司徽標 P，取英文 PLA（中國人民解放軍縮寫）、Poly、Power 等含義。起初保利科技經營通用商品和特種裝備及技術的進出口業務。

十年後的 1993 年 2 月，經中共國務院、中央軍委批准，在保利科技有限公司基礎上組建中國保利集團，註冊資金 15 億人民幣。目前該集團主要業務為軍品、民品國際貿易、房地產開發、文化藝術經營、礦產資源領域投資開發和民爆科技。

翻開保利領導層名單，人們不難發現這裡聚集了一大幫中共紅色貴族後代：

王軍：中國保利集團公司前任董事長（王震之子）；賀平：中國保利集團公司董事長、總經理，總參裝備部少將（少將賀彪之子，鄧小平三女鄧榕之夫）；姬軍：中國保利集團公司副董事長（原副總理姬鵬飛之子）；王小朝：中國保利集團公司董事、副總經理（楊尚昆的女婿，楊李丈夫）；葉選廉：解放軍總參、中國保利集團公司負責人之一（葉劍英之子）；陳洪生：中國保利集團公司董事、常務副總經理（原江西省委書記陳正人幼子）……

據 2008 年 4 月 29 日的官方數據，鄧小平的女婿賀平，2010 年之前是保利集團的董事會主席，至今仍是名譽主席。賀平擁有在香港上市的保利地產集團 2290 萬股的股份。截止 2012 年 6 月，楊尚昆的女婿王小朝擁有保利集團在上海上市的地產集團——保利地產集團 3200 萬股的股份。雖然上市公司高管裡面沒有王軍的持股數量，因為王在 2006 年 7 月離開了保利，但誰也不敢說王軍沒有從他工作了 27 年的保利分得一些紅利。

早在 1990 年代，據美國一位參議員助手的資料，「保利科

技公司做的一億美元利潤的軍火生意,其中十分之九點五為中共軍方所得,剩餘 0.5 被個人存入瑞士銀行。這 0.5 就是 500 萬美元。」「他們與沙特阿拉伯做的一批 20 億美元的 CSS-2 導彈軍火生意,成本 5 億美元,轉手得到 15 億美元利潤。」

15 億是一個多大的數字?用一個普通人的工資收入已無法計算。中共龐大的宣傳喉舌《人民日報》有 2000 多名員工,年財政開支約 3000 萬人民幣,王軍、賀平、王小朝等一夥太子黨做的這筆軍火生意收入,夠這個龐大的報社使用 400 年。

保利不光做軍火,只要能掙錢,什麼都做,包括毒品鴉片生意。當時在緬甸生產的鴉片偷運進雲南再轉到香港已是公開的祕密。緬甸黑社會向保利一次就購買了價值 12 億美元的軍火,但據緬甸官方的報告,這筆軍火開銷並沒有在國家財政上顯現出來。於是人們猜測,緬甸毒販是用毒品來支付軍火的,中共軍方收到毒品後,再轉手掙一筆暴利。當時中共對新聞界發出內部指示:對中緬邊境的貿易一律不得公開報導。

中共八大元老的「首富」家庭

王軍生於 1941 年 4 月 11 日的湖南瀏陽,在王震的三個兒子中,哥哥王兵、弟弟王之雖然都很出眾,但都沒有王軍出名,王軍被《中共太子黨》一書認定為太子黨核心成員。

1960 年至 1966 年,王軍畢業於太子黨雲集的哈爾濱軍事工程學院,在江南造船廠和武昌造船廠工作幾年後,1977 年進入海軍。1979 年鄧小平為了搞活經濟,請「紅色資本家」榮毅仁興辦中國國際信託投資公司(簡稱中信),籌備初期,38 歲的王軍就

穿著軍裝進入了中信，歷任中信業務部副總經理；中信香港公司董事長；中信公司常務董事、副總經理；中信深圳公司董事長，1995 年任中信公司董事長。2006 年，享受正部級官員待遇的王軍，按照國營企業 65 歲退休標準卸任退休，原總經理孔丹接任董事長。

孔丹何許人也？熟悉「文革」的人都知道，孔丹的父親孔原是中共中央調查部部長，母親許明長期擔任周恩來的祕書，文革時自殺。文革前在高幹子弟雲集的北京四中，孔丹高三就加入了中共，成為「革命接班人的榜樣」。文革初期，孔丹和薄熙來一樣，是聯動分子的主要成員，革命造反派的先鋒人物。孔丹帶頭率領紅衛兵們打砸搶，北京公安局一度要給他和薄熙來等人判刑，但陳雲的一句話救了孔丹的命。陳雲說，中共江山還是傳給自己的子弟更放心，他們才是應該培養的對象。於是孔丹和薄熙來不但沒被判刑，反而一路高升。

在太子黨圈中，王軍是個非常出名的人物。在北京郊外的國際馬術俱樂部，有一匹高頭大馬的馬鞍上刻著一個「軍」字，這匹馬是屬於經常光顧這裡的王軍專用。一名在京的西方觀察家曾說：「王軍太富了，這在北京人人皆知。但沒有任何一家報紙敢報導，人們懼怕他爹的權勢。」那擦得發亮的馬靴、高揚的馬鞭，和那些高幹子弟馬上搖晃的得意之狀，使人感嘆，中共從當年的「萬里長征」走到今天，早已是相距萬里之遙的不同道路了。

在太子黨中王軍還有些別的頭銜：中國高爾夫球協會副主席、中國職業高爾夫球協會主席、亞巡賽名譽主席等。王軍於 1996 年組織發起了中國高爾夫第一個正規的職業對抗賽「海峽盃」，其先後建立和收購了七家高爾夫球會。可以說中共權貴們享受的

高爾夫球裡面，少不了王軍的「貢獻」。2006年王軍退休後，中信還把一個高爾夫公司20%的股份送給了他。

不過王軍最出名的是，他家是中國最早富起來的家庭，他是太子黨中第一個富起來的「首富」，是時間上的首富，不是金額上的首富。

1983年王軍投入軍火工業，將中國由軍隊經營的軍工廠轉型成商業企業，王軍和賀平等人創立了保利公司。據美國陸軍軍事學院戰略研究所報告顯示，保利通過販賣武器給伊朗、緬甸和巴基斯坦，很快就賺取了數億美元的利潤。

王軍的哥哥王兵，跟王軍一樣，先在軍隊任職，後進入中信。王軍以中信總公司副總經理名義兼任中信公司深圳公司董事長時，王兵與吳小蘭（葉選平之妻）一度擔任過中信副董事長。1983年3月，中信公司、中國海洋航空公司、中國直升機公司、中國海洋石油總公司等，合股成立了中國海洋直升飛機公司（簡稱中海直），不久王兵接任了該公司董事長兼總經理。當時中海直的真正財路不是靠飛機，而是靠倒賣。那時大陸形容倒買倒賣的皮包公司是「除了飛機大炮，樣樣都做」，而王兵的公司卻是「包括飛機大炮，樣樣都做」，言下之意是從事各種非法軍火貿易。

那時王軍是深圳中信公司的頭，深圳中信公司也被稱為「深圳王家鋪子」，因為這個國營企業已經成為王震家族的私家店了。那時王軍的弟弟王之，也從電子部那裡拿到30萬人民幣開發個人電腦，他與比爾‧蓋茨合作，開發視窗軟件中文版，成立了長城計算機公司。

當時深圳地方官員也看不慣王家的猖狂，有關部門也曾想摸摸「老虎屁股」，但尚未下手，王震便到了深圳，把當地政要

得狗血淋頭，他們本想清查王兵的打算也就再不敢有了。因為王震背後是鄧小平在撐腰。

王軍領銜「營救薄熙來」

王軍不但和鄧小平家族關係很鐵，他與江澤民、李鵬等人的關係也很好，因為 1989 年「六四」之後江澤民能上台，也算有王震的「功勞」，王震和陳雲是帶頭提出要用武力鎮壓學生的元凶之一。1994 年 6 月，江澤民在保利成立十周年之際，還題詞「團結奮進，辦好保利」。李鵬、李嵐清、劉華清等也隨後題詞。2002 年 5 月 9 日，江澤民還參觀了保利集團參股的上海海洋水族館，並簽名留念。陪同者有時任上海市委書記黃菊、市長陳良宇等人。王軍與江派很多人物關係密切。

2012 年 2 月，王立軍、薄熙來事件爆發，多家媒體報導了王軍積極參與「營救薄熙來」的活動。據說，王軍和中共元老、新四軍彭雪楓將軍之子彭小楓，「聯袂領銜營救薄熙來，向高層施壓」，要求「正確處理薄熙來問題」。

有消息人士透露，自 2012 年 3 月開始，劉源、王軍等太子黨及其幕僚多次在銀行業的私人會所組織祕密聚會，根據收集整理的關於習近平、溫家寶的黑材料商討對策，以及如何將這些材料向媒體曝光。為了保密，所有參加會議的人員手機在門口就被服務人員收起來。

於是不久人們就看到彭博社和《紐約時報》發表了關於習近平家族和溫家寶家族貪腐多少億美金的報導。這背後有周永康、曾慶紅的參與，也有王軍等人的謀劃。

　　中共太子黨作為一個朋黨之黨，而非政黨之黨，一般認為可分為兩派，一是支持民主、改革和自由的偏右太子黨，代表人物有政界的俞正聲、王岐山；軍界的劉亞洲、張又俠；學界的胡德平、趙雁南等等。二是打著毛澤東旗幟，喜歡折騰，對外主張強硬，對內主張以暴制暴的造反有理派，代表人物有政界的薄熙來、軍界的張海陽、商界的王軍等。

　　習近平的立場原來不夠鮮明，但後來習站在了偏右太子黨和改革派這邊。於是在 2012 年 11 月 4 日，大陸傳出消息說，薄熙來在獄中態度蠻橫，一度以絕食抗議，中南海很惱火，於是開始調查三大「太子黨」劉源、王軍和薄熙成，指三人涉捲入薄熙來政變密謀，隨後薄熙成被控制，王軍和劉源仍有「有限度自由」，但被全天候監視。

王軍欲在新疆打造獨立王國？

　　《財經時報》2007 年 7 月在題為《中信原董事長王軍復出建新公司 50 億投入新疆》文中稱，一家名為「中國天然」投資控股有限公司的企業，在新疆大展身手，據當地媒體報導，這家公司計畫投入高達約 50 億元人民幣。這個「大買家」背後，正是中信集團第三任董事長王軍。此番再次出現在資本市場上。他的投資目標瞄準大陸煤化工、煤電、銀行、房地產等項目。中國天然投資控股有限公司註冊於英屬維爾京群島，並以香港為核心開展業務。公司主要股東為中國保利集團（國資直屬中央大型企業）屬下的保利投資有限公司以及美國投資基金保盛豐（PEM Group）。

　　大陸有評論說：「我們知道，王軍在 2006 年退休之前一直是國家幹部，按他正常的收入匡算，我們可以推算出他的個人財富。在 2006 年時，王軍宣布退休，並對媒體稱『退休後將做草坪師』，但僅僅一年時間，他就以掌控數十億巨資的豪富身份現身，變身之速，令人驚嘆。」

　　《財經時報》還稱，「中國天然身為港資，卻能控股烏魯木齊市商業銀行，這是中國天然拓展計畫中的懸疑之一。另外，該銀行向新疆廣彙集團出售近 10％股份，後又向巴基斯坦哈比蔔銀行轉讓近 20％股份，中國天然如若控股，股份從何而來，也耐人尋味。」

　　等到了 2009 年，《華爾街日報》撰文稱，「中信前董事長王軍美國投資夥伴捲入騙局門」，原來與王軍一起在新疆開公司的保盛豐老闆彭日成（Danny Pang），其學歷和他聲稱曾效力摩根士丹利（Morgan Stanley）的工作經歷都無法得到證實。而一位被解雇的保盛豐前總裁表示，保盛豐有部門捲入了一個龐氏騙局。2007 年彭日成曾對他說，保盛豐對新疆礦業投資的預期收益可能可以幫助公司走出深陷的龐氏騙局。

　　有人擔心中信是否被保盛豐的龐氏騙局所騙，其實這是王軍故意設下的圈套：他名義上利用保盛豐來投資新疆，其實那幾十億投資都是王軍自己的錢，通過倒賣軍火或中信投資得來的黑錢，這下通過與保盛豐的合資把錢洗白了。但更關鍵的是，王軍想在新疆建立自己的獨立王國，就像薄熙來說的那樣：「北京要是逼急了，我們另立山頭，自己搞武裝政變。」而王軍在新疆搞的這些實業，換個角度看，不正好為政變做準備嗎？哪知美夢剛做了一半，就被王立軍給叫醒了。

第四章

狂妄惡少金正恩
心狠手黑

金正恩自上台後就開始肅清對自己統治有潛在威脅的勢力，包括斬殺顧命大臣、朝軍總參謀長李英浩，處決親姑父張成澤和暗殺兄長金正男，隨之除掉的前朝官員不計其數，可謂心黑手狠。其生活更是奢侈糜爛，與掙扎在飢餓死亡線上的朝鮮百姓形成鮮明對照。

2012 年金正恩資料照。（AFP）

第一節

金正恩卸磨殺驢除顧命大臣

欽點監護人李英浩（左一）是金正日
留給金正恩（右）的顧命大臣，不
料登上世襲之位的金正恩 2012 年 7
月 15 日首先結束了他的政治生命。
（AFP）

金正恩是金正日和第四任夫人高英姬所生的第二個兒子，為金正日的三子。金正恩於 1 月 8 日出生，但出生年份有三種說法：1982 年、1983 年、1984 年。 據說西方情報機構通過以前金正恩去瑞士留學時使用的護照信息，獲悉他為 1984 年出生，這可能是他真實的年齡。

但為了方便「造神運動」，2010 年朝鮮政府公布了金正恩的生日為 1982 年 1 月 8 日，這是為了到朝鮮宣傳的「強盛大國元年」的 2012 年時，金日成誕辰 100 周年，金正日 70 歲，金正恩正好 30 歲。這不是金家第一次改生日了。金正日原本是 1941 年出生，但為使出生年份的最後一個數字和金日成的 1912 年生相同，所以改為 1942 年。

按理說，世襲官位應該傳給長子金正男。據說金正男多次讚

美中國的改革開放，聲言朝鮮只有學習中共才有出路，從而喪失了繼承朝鮮最高領袖的可能性，不得不移居澳門、上海、北京等地。金正男 2001 年涉嫌用假護照攜妻子兒女至日本東京迪士尼樂園旅遊遭驅逐出境。金正日對二子金正哲也不滿意，因為他性格懦弱，於是從 2009 年開始就決定選三子金正恩繼位。

1996 年，12 歲的金正恩和妹妹用化名到瑞士留學五年。此前的 1991 年，金正恩還和哥哥金正男去日本東京的迪士尼樂園遊玩過。也許是迪士尼給金正男留下的記憶太美好了，多年後他帶自己的孩子去日本迪士尼，結果引來大禍。

金正恩在瑞士的同學與老師誰都沒想到，昔日那個靦腆少言的朝鮮孩子，長大後竟然成了嗜血惡魔，想用原子彈征服全世界。金正恩上台不久，就開始殺功臣，給自己獨裁鋪路。

2012 年 7 月 15 日朝鮮勞動黨中央委員會舉行政治局會議，突然決定解除政治局常務委員兼朝鮮人民軍總參謀長李英浩的所有職務，包括朝鮮勞動黨中央委員會政治局常務委員會委員、政治局委員、朝鮮勞動黨中央軍事委員會副委員長等。

欽點監護人李英浩是金正日留給金正恩的顧命大臣，是朝鮮軍中最高實權人物，七個月前在金正日的葬禮上，作為八個抬棺人之一，他與金正恩走在最前面。孰料僅過半年時間，登上世襲之位的金正恩首先結束了他的政治生命。

因為李英浩是金正日為金正恩所欽點的監護人，這次李遭到解職使得朝鮮最高的三派權力均衡被打破，「外戚派」「攝政王」張成澤掌握了大權。

朝鮮有三大派系。金正日 2011 年 12 月去世後，以金永南為代表的「技術派」、李英浩為代表的軍方、張成澤為代表的「外

戚派」被認為是朝鮮最高權力圈的三大派系。其中，張成澤是金正日妹妹金敬姬的丈夫，在金正日逝世之後「參軍」一躍成為「大將」。「外戚派」指的是靠關係上來的勢力。有報導稱，金正日在生前曾經平衡了這些權力。

李英浩被突然解職的消息一經傳出，全球都在熱議金正恩卸磨殺驢，這意味著金正恩已經展開新一輪的整肅。在金正恩的世襲路上，據稱已經有數十名朝鮮高官死於非命。

據傳朝鮮高層交火 李英浩生死不明

據韓國《朝鮮日報》2012 年 7 月 20 日報導，韓國政府獲得情報稱，朝鮮總參謀長李英浩被解除職務的過程中，發生流血衝突，造成 20 餘名朝鮮軍人死亡。消息人士說，李英浩在交戰過程中有可能負傷或死亡。

報導援引韓國政府相關人士的消息透露，朝鮮勞動黨第一書記金正恩決定解除李英浩的職務後，負責執行的總政治局局長崔龍海欲向李英浩動用武力，但遭到李英浩警衛隊的反抗，於是雙方發生交火。

李英浩在交戰過程中有可能負傷或死亡。報導還說，崔龍海2012 年 4 月被任命為朝鮮總政治局局長，堪稱金正恩的姑父——勞動黨行政部部長張成澤的心腹。

韓國情報當局分析認為，他當選總政治局局長後，一直與野戰出身的李英浩摩擦不斷，一直對李英浩實施監視並指使對其進行祕密調查。

韓國政府相關人士說，目前只是有情報稱朝鮮在權力鬥爭的

過程中發生了衝突，準確了解朝鮮內部情況尚需時日。

昔日為金正日抬棺 今天被金正恩終結

金正日 2011 年 12 月去世後，在提及「金正恩時代」軍隊最高實權人物時，大多數朝鮮問題專家第一個指出的都是李英浩。因為不僅憑其軍中資歷、地位，也能從金正日葬禮上看出端倪。

李英浩是金正日生前一手提拔的親信，被視作金正日幼子、現任朝鮮最高領導人金正恩控制軍隊的左膀右臂，是朝鮮軍隊的實權人物。2010 年 9 月 27 日，李英浩被金正日授予次帥軍銜，在次日召開的朝鮮勞動黨全國代表會議上，又與金正恩一起被提拔為黨中央軍事委員會副委員長，還被推舉為黨中央政治局常委。

在 2011 年 12 月金正日的葬禮上，護送靈車的八個人中，李英浩和金正恩並排走在最前面。至此，外界普遍認為李英浩是朝鮮軍內最高實權人物，並被稱為朝鮮的野炮專家。有朝鮮軍方高層脫北者稱，李英浩「知曉各種炮，而且射擊十分精準」。

但是到了 2012 年 4 月，李英浩的地位很快被崔龍海替代。文人出身的崔龍海突然被授予次帥軍銜，隨後在朝鮮勞動黨第四次代表會議上，被推舉為政治局常委、黨中央軍事委員會副主席和人民軍總政治局局長。從此，在所有朝鮮官方媒體報導的公開活動中，崔龍海排名均位居李英浩之前。

金正恩為何突然拿下李英浩

李英浩被突然免職，引發國際社會高度關注。各界紛紛揣測，

李英浩深受金正日生前信任和提攜，據稱他為扶正金正恩立下了汗馬功勞。這樣的一個人物為何被金正恩突然拿下？

據外界分析，金正恩拿下李英浩有多種原因。其一是朝鮮當年4月的導彈發射失敗，讓朝鮮當局顏面盡失，金正恩將這筆帳算在李英浩身上，李英浩因此成了朝鮮導彈發射失敗的替罪羊。

另有一種說法稱，李英浩就讀高中的孫女「禍從口出」，有一次她對同學說「我的祖父一旦下定決心，朝鮮今天就可以開仗」，她還說「我祖父說的話，金正恩大將軍都聽」。據韓國媒體分析，李英浩本來就與金正恩的姑夫張成澤存在著權力和利益方面的爭鬥，而上述傳聞被張成澤得知後，張成澤給金正恩寫了一個報告，在報告中，提到李英浩自稱「朝鮮的命運在於我」，這讓金正恩非常生氣。

除上述種種猜測以外，還有一種說法，那就是金正恩拿下李英浩實際上是「卸磨殺驢」，其真正目的是急欲鞏固權力。就在拿下李英浩不久，朝鮮迅速公布金正恩被封為元帥。分析認為，儘管李英浩為金正日建立世襲體制立下了汗馬功勞，但是接班後的金正恩急欲建立自己的權威。因此，朝鮮軍中最高實權人物李英浩無疑成了金正恩「卸磨殺驢」的對象。

但拿下李英浩後，金正恩未見得能大權獨攬，反倒是「攝政王」張成澤和金敬姬夫婦實際上「垂簾聽政」。

金正恩「卸磨殺驢」下一個會是誰？

近年朝鮮向韓國發起的重大挑釁事件中，當屬2010年炸沉韓國天安艦、炮擊延坪島，這兩次事件導致50名韓國官兵和平

民死亡。據韓國媒體分析，這兩起挑釁事件的直接責任者包括朝鮮軍隊總參謀長李英浩、朝鮮第四軍軍長金格植和偵察總局局長金永哲。

韓國輿論此前分析，朝鮮發動以上兩次挑釁，實際上是為金正恩完成世襲準備的「熱身」。當金正恩真正登上權力頂峰時，為其賣命的上述幾人的下場引人關注。

據悉，主導延坪島炮擊事件的金格植在 2011 年下半年左右被邊仁善大將替換。目前金格植雖身在平壤，但得不到重用。朝鮮軍中「領袖」李英浩又被突然解職，現在只剩下下令炸沉天安艦的偵察總局局長金永哲。

韓國媒體分析說，金永哲與李英浩關係親密，隨著李英浩被拿下，最感到不安的應該是金永哲。

據報導，在金正恩的接班路上，被整肅的朝鮮權力機構核心人士包括安全保衛部副部長柳京、人民保安部部長朱相成、安全保衛部第一副部長禹東測等。

大赦國際 2012 年 5 月在首爾發表的年度人權報告顯示，1 月朝鮮政權從金正日移交至金正恩的過程中，朝鮮有 200 多名高層官員被拘禁，其中一部分被處決。包括 2011 年參與韓、朝對話的 30 名朝鮮官員也被處決。

據韓國《朝鮮日報》此前報導，金正恩自 2009 年被定為金正日接班人後，不斷發生處決和離奇死亡事件，其中最大離奇死亡事件就是李濟剛之死。李濟剛曾任朝鮮勞動黨組織指導部第一副部長，掌控朝鮮人事部門 20 多年，並被認為是「金正恩監護人」張成澤的競爭對手。

他在張成澤晉升為國防委員會副委員長的幾天前，即 2010 年

5月底遭遇「離奇」交通事故死亡。和李濟剛一個陣營的組織指導部第一副部長李龍哲也於同年4月因「心臟麻痺」去世。消息人士分析，這可能是金正恩陣營在壯大勢力的過程中將其剷除。

經濟領域也不斷發生「流血肅清」。曾是朝鮮經濟總指揮的勞動黨計畫財政部部長朴南基和財政相文一峰，分別於2010年4月和6月被槍決。接替朴南基出任計畫財政部部長的洪錫亨也於2011年6月被免除一切職務，此後行蹤不明。

朝鮮鐵道相金勇三因牽涉2004年平安北道龍川站發生的爆炸事故，而於2010年6月被處決。據說這起爆炸事件的目標是金正日的專列。

朝鮮國家安全保衛部副部長柳京也於2011年初被槍決。

在金正恩的世襲路上，李英浩不是第一個被整肅的對象，也不可能是最後一個，那麼下一個會是誰呢？面臨金正恩新一輪的整肅，一些不願「束手就擒」的朝鮮軍、政要員，有否可能聯手反擊，造成朝鮮軍中內訌甚至政治動盪，尚難預料。

第二節

擠掉兄長 金正恩奪權內幕

金正男曾在 2001 年試圖用多明尼加
共和國的假護照進入日本，最後被尷
尬的拒絕入境。（AFP）

情報局追蹤金正恩及其家族

由於搞輿論封鎖與造神運動，要了解金家王朝的日常生活，往往是各國情報部門頭疼的事，經常是無從下手。

2015 年 5 月 26 日韓國《中央日報》報導說，金正日一家在海外的行蹤，在對朝鮮情報要員眼中屬於「號外事件」、特別重要，因為他們可以趁此機會接近平日難以接觸的朝鮮最高權力人物，是搜集相關諜報的絕好機會。而此前能夠掌握到金正恩的確切生日（1984 年 1 月 8 日），也是來自他早年在瑞士留學時的護照記錄。情報人員有時還會偽裝成鄰座乘客，觀察他看什麼書、聽什麼音樂、愛吃什麼飛機內食品等細節。

高層信息消息人士透露，「金正恩的生母高英姬以前往返瑞士、法國等歐洲國家時，韓美合作展開的『同乘特工』搜集了相

當多的有用情報。」此外，金大中政府時期還發生過韓國高層人士在私人場合無意談起居留在海外的高英姬與金正日通電話的內容，導致金大中前總統大為震怒的軼事。

懼怕弟弟 金正男刻意現身倫敦

跟蹤朝鮮問題的媒體和專家們 2015 年 5 月下旬都將視線集中到了倫敦，因為金正恩的兄長金正男（34 歲）5 月 20 日現身於倫敦的皇家阿爾伯特音樂廳，觀看了英國音樂家艾瑞克・克萊普頓（Eric Clapton）的演出。

在朝鮮不斷傳出武力部長玄英哲遭到處決等恐怖消息的情況下，金正男自由自在的樣子引起了外界的熱議。他甚至沒帶金正日徽章，醉心於西方音樂的模樣完全不同於實施恐怖統治的弟弟。

不過其在倫敦觀看完演唱會後，就失去了蹤影。

據「韓聯社」24 日報導，看完演出後，金正男原本預定 22 日上午從倫敦出發，經由莫斯科前往中國北京，但他卻未搭乘該航班，也沒有現身莫斯科謝列梅捷沃機場，當晚從莫斯科出發前往北京的乘客名單中也沒有金正男的名字。而 23 日下午 1 時北京飛往平壤的高麗航空 JS152 航班中，同樣也沒有金正男的身影。

有觀察認為，金正男如此高調暴露於媒體之下，說明他已經完全離開平壤權力的核心。他按照其父親金正日的決定，退出繼承人的地位，將權力讓給了弟弟。此前有說法認為他是「官二代」組織「烽火組」的領頭人，但他在勞動黨和朝鮮軍隊裡並沒有自己的權力基礎，完全不同於已經執政第四年且將權力精英操控於手中確立唯一支配體制的弟弟。

有解讀認為，金正男 2011 年 2 月在東南亞觀看演唱會後，又在倫敦音樂會上現身，「是在刻意顯示自己與權力毫無關係」。金正男可能是考慮到弟弟肅清政敵的刀刃，有意做出此種舉動。

性格軟弱 「太子」移位

據韓國情報稱，金正男沒能接手朝鮮政權，是因為性格太過軟弱。目前他是朝鮮政權「玩世不恭」子女們的非官方領袖。

這個組織被稱為火炬「Ponghwajo」，金正男和他的朋友們通過販賣毒品、假幣交易和黑市買賣來為自己和朝鮮政權謀取錢財。

之前金正男和他的隨行人員到澳門、馬來西亞等地，被發現出現在賭場，還在各大商場搜羅名牌服飾和珠寶。

火炬組織成員在朝鮮境內可以為所欲為，因為他們在政治上沒有企圖，並且可以不斷為政府籌集資金。

金正男在 2011 年 12 月父親金正日死後將政權交給弟弟金正恩以後就再也沒有出現在公眾面前。

不過也有不少專家認為，通過世襲繼承權力的金正恩體制一旦進展出現問題，金正男將成為取而代之的「計畫 B」。也就是說，在金正日和高英姬生育的兩男一女中，金正男是長子，是帶有金正日家族「白頭血統」的合適人選。從這一層面出發，他似乎會成為弟弟金正恩牽制的對象。

因此有分析認為，「頗具諷刺意味的是，金正男可能正是朝鮮最為如履薄冰的人物。」對於討論後金正恩體制一事，朝鮮應該頗不情願，但任何國家都必須制定領導人出現意外時的預案，朝鮮也不例外。金正恩與哥哥金正男之間的關係始終蒙著一層面紗。

　　分析認為，只要他與 26 歲的妹妹金與正一起在瑞士伯恩留學時友愛淳厚依然維持，就不會發生問題。金與正以勞動黨副部長的身分活動，是在哥哥金正恩身邊輔佐的核心權力人物。

　　如果金正男對於自己繼承人地位被奪一事懷恨在心，情況則完全不同。金正男曾是有力的繼承人第一人選，甚至有說法稱，「當時金正男工作的勞動黨組織指導部辦公室曾掛出以他為中心團結起來的口號。」據說，隨著他「女性激素分泌過多症狀」的消息傳出，其在繼承人的競爭中遭到淘汰。

　　作為艾瑞克‧克萊普頓的熱血粉絲，金正男 2008 年曾張羅偶像在平壤舉行演出，可做起來並不簡單。最重要的是，弟弟金正恩的挑釁統治行為招致了國際社會的側目。英國最為忌諱的是公開處決等朝鮮人權問題。

　　6 月 15 日是英國公布基本人權框架、自由大憲章 800 周年紀念日，預計屆時「倫敦對朝鮮批判的輿論將非常強烈」。金正男如何看待弟弟橫衝直撞的領導風格呢？

金正男因失寵而流亡海外

　　最初被認為是金正日繼承人的金正男曾在 2001 年試圖用多明尼加共和國的假護照進入日本，最後被尷尬的拒絕入境。與一個女人和孩子一起出行的金正男表示，當時只是想在被驅逐出境之前，去一次東京的迪士尼樂園。

　　有報導稱，金正恩擔心金正男可能會試圖推翻他剛起步的政權，或者是投奔韓國，而這些對於在平壤的金正恩來說都是巨大的恥辱。

第三節

金正恩吃獅鞭 挖地道襲韓國

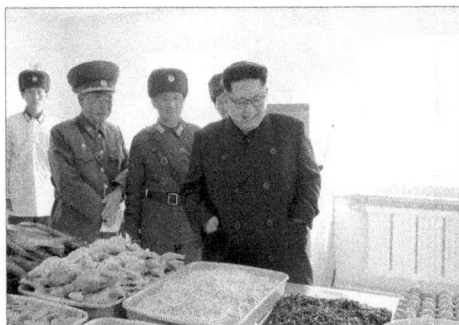

金正恩（右一）大吃大喝，目前體重約 130 公斤，還吃獅鞭喝美酒助性能力。（AFP）

　　儘管朝鮮百姓靠中共和國際社會的救濟，勉強活下來，沒有被餓死，但朝鮮最高領袖金正恩卻吃得腸肥腦滿。有消息說，金正恩執政五年以來，體重增加了 30 公斤，目前的體重可能達到 130 公斤，也就是 216 斤。

　　韓國《朝鮮日報》引述政府有關人士的話報導稱：「綜合分析了金正恩的體型和走姿，結果發現 2010 年金正恩作為金正日的接班人，在朝鮮媒體首次出現時的體重是 100 公斤左右。

　　「後來，金正恩體重劇增，現在估計有 130 公斤左右。最近朝鮮媒體公開的金正恩照片中，最明顯的是腹部和下顎的肉。金正恩背著手或站立時，肚子把人民裝撐得非常緊，給黨幹部下指令的時候，也能看到臉上的雙下巴。」

　　至於其肥胖的原因，韓國政府消息人士表示：「2013 年 12 月，

金正恩的姑丈張成澤被處決後，他的體重開始快速增加，有可能是因為壓力大暴飲暴食的生活習慣導致的。」另有人分析稱，金正恩是為了使自己看起來更像祖父金日成，而刻意讓自己胖起來。

之前英國《每日郵報》曾報導，在瑞士留學的金正恩愛吃瑞士的埃曼塔乳酪，使其體重不斷增加。此外，曾擔任金正日專職廚師長達 13 年的日本人藤本健二接受《每日郵報》訪問時表示，金正恩喜歡吃壽司和喝香檳，可能是其體重增加的主要原因。

藤本健二說：「我每周給金正日做壽司時，金正恩一定在場。金正恩不但喜歡吃壽司，也喜歡喝香檳。一旦開啟香檳，他一個人一口氣喝掉兩瓶。他特別愛喝法國的路易王妃（Louis Roederer）牌香檳。」

韓國醫療界人士認為，32 歲的金正恩看起來屬於高度肥胖者。考慮到又是愛吸煙的人，他目前患有心臟疾病和腦梗塞的可能性很大，健康可能有問題。

金正恩荒謬養生 吃獅鞭美酒助性能力

2017 年面對國際制裁，金正恩更加放縱。據韓國國家情報院披露，金正恩由於大吃大喝毫無節制，體重嚴重超標。

有外媒報導，一位脫北研究員聲稱，朝鮮設有一個神祕的長壽研究中心，專門替金正恩和已故領袖金正日做健康監測。金正恩為了延壽，常要求高級外交官弄來各式補品，尤其鍾愛公獅的陰莖，因他深信這種東西能夠增強性能力，因此被朝鮮視為帝王專用食物。

曾經是金正恩的前壽司廚師藤本健二爆料稱，其實金正恩的

酒量非常驚人，且熱愛法國葡萄酒，一晚就可以喝下 10 瓶波爾多紅酒，並吹噓自己是個酒國英雄。

金正恩為了滿足自己對瑞士乳酪的喜好，更命令廚師團隊至法國廚藝學校進修，因他認為朝鮮的廚師們無法複製出歐洲的風味。

韓國情報單位也稱，金正恩飲食毫無節制，每周有 3、4 天通宵舉辦飲酒派對。因有酗酒與暴飲暴食的習慣，故被診斷出是心臟病高風險族群。

據《每日郵報》報導，目前朝鮮仍有千萬人過著挨餓的生活，其飢餓人口自 1990 年的 480 萬人，到 2004 年卻暴增至 1000 萬人。

傳朝鮮 16 條祕道 一小時可運 3 萬兵襲韓

英國《每日星報》（Daily Star）報導，韓國政府至今已發現 4 條由朝鮮通往韓國的地道，更傳還有 16 條尚未被發現，其中地道的入口可能設在朝鮮非軍事區。據悉，朝鮮當局把很多地道口塗上煤塵，偽裝成廢棄的礦坑，但那一地區不產煤，而是堅硬的花崗岩盤。

韓國守衛表示：「這是為了能在一小時內從地下運送一個步兵師的兵力，相當於 1 萬到 3 萬名軍人」。

「請想像一下，要派遣 3 萬人的武裝部隊在地下徒步行軍 44 至 50 公里，」該韓國守衛說，「而且這些隧道可能在地下逾百米深處，或長達 50 公里。」

報導稱，最近一條地道於 1990 年被發現，位於地下 145 米深處。據悉，上世紀發現的四條地道結構都很簡陋，高度和寬度僅有二米，也無通風口和結構支撐。

不過，據說尚未被發現的地道可能有電力系統、休息睡眠區、武器儲存區等，甚至鋪設了鐵路供高速運輸。

金正恩仇視中國人

除了跟他父親一樣瘋狂搞核武外，金正恩還極度仇華，揚言核打擊報復制裁。

據日媒《產經新聞》2016 年 3 月 28 日報導，聯合國實施對朝鮮的嚴厲制裁後，朝鮮勞動黨舉行了應對聯合國制裁的會議。該會議的內部決議資料被消息人士曝光。據資料顯示，金正恩揚言要動員全部黨員，對中國大陸「開展核打擊壓力」，並「碾碎」中方制裁朝鮮的「妄想」云云。

報導說，金正恩的這一表態，甚至超過了威脅要打擊美韓等國的力度，顯示金正恩對於中方贊成制裁決議有著極端仇恨。

2015 年 5 月，香港《亞洲周刊》報導了朝鮮在境內整肅華僑的消息。報導披露，五個月以來，朝鮮國家安全保衛部突然以「間諜罪」等名義逮捕了至少上百名華僑，大多判了八年以上的重刑，甚至有部分判無期徒刑或槍決。

據從事中朝貿易的朝鮮華僑向該雜誌透露，朝鮮方面指責這些華僑為中共提供情報；在朝鮮傳播拍攝韓國社會的視頻；將拍攝朝鮮內部狀況的視頻非法帶去中國和韓國；華僑被視為脫北者匯款朝鮮的仲介，及非法從事宗教傳授活動。

報導引述知情者的消息介紹說，這些華僑的親友大都居住在遼寧的丹東、瀋陽和吉林與朝鮮相鄰的東南部一帶。負責中朝貿易的金正恩姑父張成澤 2013 年被槍決後，中朝關係遠不如從前。

第五章

周永康洩密
金正恩殺姑父

2013 年 12 月 1 日，周永康被批捕的消息傳出。一周後金正恩的姑父張成澤被拖離會議座位的現場畫面傳出，12 日隨即被處死。張成澤被殺是因爲試圖説服北京扶持金正男取代金正恩，而這絕密消息卻被周永康洩露給了金正恩。

朝鮮首腦 30 歲的金正恩（右一）2013 年 11 月 8 日革除姑父、國防委員會副委員長、68 歲的張成澤（圈中人）。（AFP）

第一節

金正恩突然殺了姑父張成澤

2013 年 12 月 9 日，朝鮮公布張成澤在勞動黨會議上被警衛當場拖離座位的現場畫面。12 日隨即被處死。（AFP）

2013 年 12 月 13 日朝鮮中央通訊社稱，金正恩的姑父張成澤因貪污腐敗被雙開後已被處決。港媒引消息來源稱，張被金正恩二哥金正哲親率護衛隊逮捕後，和五名親信被剝光衣服放入鐵欄內，再放入 120 條餓了三天的東北獵犬撕咬，直到吃光。過程持續一小時，金正恩和第一夫人李雪主帶 300 多名高官觀看。

由於朝鮮是封鎖消息最嚴密的國家，這些小道消息無法確認，也許是曾經發生過的事，張冠李戴安在了這裡。不過韓國電視台「TV 朝鮮」11 日在獨家報導中引述中國大陸高階消息人士的話說，在朝鮮領袖、30 歲的金正恩，8 日革除姑父、國防委員會副委員長、68 歲的張成澤一切職務後，有兩個朝鮮副總理逃到中國大陸避難。他們分別是兼任國家計畫委員長的盧斗哲和兼任化學工業部長的李武榮，中共方面已經批准了兩人的政治庇護。

12 月 9 日，朝鮮媒體曾報導了張成澤在勞動黨會議上被警衛當場拖離座位的現場畫面。此前被公開處決的勞動黨行政部第一副部長李龍河和副部長張秀吉，是張成澤的得力助手。

關於張成澤被處死的主要罪名，媒體有很多不同的說法。有的說主要是「從事顛覆國家陰謀活動」，還有貪腐、亂搞女人等。港媒報導說，傳張成澤跟第一夫人李雪主鬧不倫戀，招來殺身之禍。中共媒體報導說，在 12 日朝鮮國家安全保衛部特別軍事法庭上，張成澤「承認」自己是「現代版宗派的頭目，長期糾集不純勢力形成派別，企圖篡奪黨和國家的最高權力，以各種方法和卑劣手段實施顛覆國家」等等罪名。德國駐朝鮮大使薩佛則表示，朝鮮軍方是因張成澤推動和中共的經濟合作計畫威脅到軍方地位，決定剷除。也有的說，金正恩是為了收回張成澤管理的約 1184 億元台幣海外祕密資金，張及其親信可能污了部分祕密資金且被發現，才遭肅清的。

顧命大臣的起伏人生

專家朱江明在《細說朝鮮二號人物張成澤》一文中介紹了張的特殊身份。張成澤 1946 年 2 月 6 日出生於朝鮮，畢業於金日成綜合大學政治經濟學系和金日成高級黨校，曾留學俄羅斯。張成澤出身平民，讀大學時因相貌英俊，獲得金日成的女兒金敬姬的青睞，雖然這門親事為金日成所反對，但兩人最終於 1972 年結婚。張成澤不僅是金正日的妹夫，還是現任朝鮮最高領導人金正恩的姑父。

張成澤婚後並沒有馬上升官，直到結婚十年後的 1982 年才

開始在朝鮮政壇嶄露頭角。不過他的兩個哥哥在政壇和軍界崛起比他更早，他的大哥張成禹曾任朝鮮社會安全部部長，2009年去世時是次帥軍銜，和李英浩被解職前的軍銜相同；二哥張成吉於2006年去世，中將軍銜。

張成澤最先出任朝鮮勞動黨黨中央青少年事業部副部長，2002年曾出訪韓國。2004年左右，張成澤由於參與了金正日家族內部的繼承人鬥爭而一度被逐出平壤，但兩年後便被召回平壤，當年率團訪問中國；次年的2007年，晉升為朝鮮勞動黨中央行政部部長；2010年出任國防委員會副委員長，躋身朝鮮最高領導層。

金正日在臨死之前一個月，授予張成澤大將軍銜。張因此被認為是「顧命大臣」、「攝政王」，要輔佐金正恩登基。

據說張成澤步入政壇後，夫妻關係似乎一直不好。他們的女兒金松於2006年自殺，金敬姬因此患上酒精中毒和抑鬱症，經治療於2009年才回歸朝鮮政壇，出任輕工業部長。

據韓國媒體統計，2012年張成澤陪同金正恩出席各類活動達139次，而這個數字在2013年截至10月底銳減到37次。相比之下政壇新星崔龍海僅上半年就陪同金正恩多達129次。張成澤與金正恩的關係，似乎突然之間變得疏遠。2013年10月底，海外網站上一度流傳張成澤發動政變的消息。

中朝之間的主要聯繫人

張成澤曾受金日成、金正日之命多次出訪韓國和歐美，外界普遍認為其頭腦精明、視野開闊。有人評價他：「相比其他人，

他似乎對朝鮮之外的世界更感興趣。」張成澤曾經多次訪問中國，並且被視為北京敦促朝鮮擁抱中國式經濟改革的最重要倡導者，也被北京視為跟金正恩政權之間的一個穩定的可信任管道。

比如張成澤曾在 2012 年 8 月份訪問北京並停留六天，會見了胡錦濤和溫家寶。朝鮮的特別經濟區被放在議程的重點，其中外國和中國投資者將受到優待。不久朝鮮官方媒體宣布 14 個新的特別經濟區將開放，雖然他們很小，但是他們被視為中共倡導的一些改革得以實現的標誌。

指控張成澤的還包括廉價出售資源。這個指控似乎直接指向中共，它是朝鮮鐵礦和金屬的最大買家。金正恩在掌握權力之後很快地抱怨朝鮮的資源被太廉價出售，他要求提高礦物、稀土和煤炭價格。金正恩的抱怨在中國廣泛被報導，並觸怒善於討價還價的中國礦商，有幾家放棄了在朝鮮的營運。

美國《時代》雜誌 12 月 9 日報導，張成澤是朝鮮方面對於靠近中國丹東的聯合經濟區的主要支持者。這個地方本來是為了招募朝鮮人進入中國工廠，但是這個項目進展很慢，主要是因為朝鮮未能整頓好經濟秩序。就在張成澤失蹤之後，朝鮮宣布在新義州設立一個新的單獨的經濟區，而丹東的項目就被晾在一邊。

很多人認為，中共在朝鮮原本已不太好的投資氛圍可能將更加惡化。2013 年 2 月，朝鮮實施第三次核試爆之後，北京兩度參與聯合國決議，譴責金正恩政權；金正恩則通過其輿論喉舌對北京反唇相譏，直指中共是「美國的傀儡」。在金正恩和習近平先後接班之後，中朝關係明顯緊繃。

這次中共外交部把張成澤的被撤職稱之為朝鮮內部事務。就在韓國媒體發出朝鮮政局異常、張成澤可能陷落的消息後，中共

第 39 集團軍 3000 多官兵以訓練為名，向長白山中朝邊境方向緊急移動。中方意圖似在監視朝鮮政局，隨時準備介入其內爭、干涉其內政。

《紐約時報》12 月 9 日報導，張成澤在政治局會議上被逮捕的錄像向朝鮮公眾播放，伴隨著他的下屬痛哭流涕地譴責他的畫面，尤其令中共不安。

作為朝鮮的長期保護人和經濟生命線，中共視跟朝鮮的戰略密切關係是它外交政策的支柱和抵禦美國在韓國軍事存在的堡壘。《紐約時報》認為，中共最大的擔憂是朝鮮政府崩潰，這可能導致朝鮮半島統一；並且在美國盟友韓國政府的統治下，也有人擔心由於對張成澤和他的追隨者的極端嚴厲的姿態，一輪血腥清洗將不可避免，假如引發社會動盪，幾百萬難民湧到中國，對中共是件麻煩事。

中共官媒高調報導朝鮮「反黨分子」張成澤

12 月 10 日，新華社官方網站頭版頭條以《朝勞動黨報稱張成澤及黨羽是逆賊集團》為標題報導，張成澤被解除一切職務並開除出黨後，朝鮮《勞動新聞》發表社論指張成澤一夥是搞拉幫結派、擴張勢力的反黨反革命分子，並要肅清張成澤及其黨羽。該社論將「反黨反革命宗派分子」張成澤及其黨羽稱作「逆賊集團」。

此前一天《北京晚報》引述朝中社消息稱：「張成澤表面接受黨和領袖領導，背後卻在搞同床異夢和陽奉陰違的宗派活動。」報導稱，8 日在平壤舉行的朝鮮勞動黨中央政治局擴大會議歷數張成澤多宗罪。會議宣布張成澤的罪名包括公然推翻黨的方針政

策、不服從最高司令官命令、削弱黨對司法監察及保安機關領導、掌控國家經濟發展主要部門、生活腐化墮落、同多名女性有不正當關係等。

與同為極權體制的朝鮮「同病相憐」的中共官方對於前者的負面消息一直以來採取的手段或否認或封殺。此次這樣大張旗鼓地報導朝鮮「逆賊集團」令人詫異，這種反常舉動似乎暗示與中共當前局勢有關。香港親共媒體還將張成澤的官階、地位類比不久前身陷囹圄的原中共政治局委員薄熙來，發現「反黨分子」張成澤與薄熙來二人具有十大相同之處。

中朝共打老虎 兩國同病相憐？

2011年12月29日，《新紀元》周刊發表了《2012九大猜想》，以輕鬆的想像展望了日後可能發生的事。其中第一個猜想就是朝鮮爆發內戰。

猜想寫道：「朝鮮領導人金正日去世，由他28歲的幼子金正恩接替最高領導人職務。所謂『主幼國疑』，局勢極為敏感。」由於金正恩和父親死前託孤的四位顧命大臣矛盾激化，招致金正日長子金正男和金正恩的對立，最後發展成雙方的戰爭。

張成澤因為傾向於保護金正恩的哥哥金正男而成為其反革命罪行之一，正好應驗了《新紀元》周刊2011年的猜測。據信當時金正男在中共保護下生活在澳門，2017年2月13日在馬來西亞被暗殺。

2013年12月10日，香港有媒體以《中朝共打老虎 兩國同病相憐》為題評論說，無論金正恩還是習近平，上台執政後都面

臨龐大既得利益集團的挑戰。「如今金正恩連根拔起張成澤勢力，而習近平則圍殲周永康集團，兩人都顯示出打老虎的魄力與手段，同時也殺一儆百。」

金正恩打倒張成澤與習近平推倒周永康，兩者是否有本質的區別暫且不論，有一點是肯定的：習近平原來計畫公布周永康的被調查，因張成澤的被捕而推遲了，習近平不願意人們把這兩件事等同起來加以類推。畢竟周永康帶給中國百姓的是災難，而張成澤的改革似乎給飢餓中的朝鮮人帶來了一點希望。如今這一點希望也被奪走了。

未來朝鮮會發生怎樣的內部傾軋、民眾會怎樣忍飢挨餓、中朝關係是否會進一步惡化，這些都是人們關注的問題。

第二節

周永康洩密導致金正恩殺人

張成澤（右）從金正日（左）時代開始就負責與中國的經濟合作，是朝鮮現政權中的所謂「知中派」或親華派，也是中共官方最信任的朝鮮高官。（AFP）

2014 年 12 月 6 日，中共政治局宣布前政治局委員、被稱為中共政法沙皇的周永康因涉及嚴重洩密等被開除黨籍並交司法處理。此前一年，2013 年 12 月 1 日已傳出周永康被中紀委批捕的消息。一周後的 12 月 9 日，朝鮮公布張成澤在勞動黨會議上被警衛當場拖離座位的現場畫面，12 日隨即被處死。

《新紀元》周刊獲得獨家消息稱，周永康涉及的所謂嚴重洩密事件，直接導致張成澤被殺，也涉及到中共和朝鮮關係嚴重惡化，使中共失掉西太平洋各國爭雄的一張重要王牌。

來自北京的可靠消息表示，2012 年 8 月，在朝鮮前領導人金正日死亡的九個月之後，朝鮮排名第二的重臣張成澤率團訪問中國，在和胡錦濤官式見面之後，滯留人民大會堂，在只有中方翻譯在場的情況下，和胡錦濤單獨談話一個多小時。據說張成澤提

出一個建議供中共考慮，即以金正日長子金正男取代剛剛接替金正日成為朝鮮最高領袖的金正恩。

當時，胡錦濤以事關重大為由予以推脫，並未立即表態，但他答應張成澤考慮有關建議。這一祕密會見，被視為中共政府最高級別的絕密消息。

2013 年 12 月 8 日，張成澤突然在朝鮮勞動黨中央全會上被逮捕，並於三天後以叛國罪被判處死刑。事件引起中共高層的震驚。不但如此，朝鮮方面迅速發起對「社會主義叛徒國家」的批判，內部的親華派也迅速遭到整肅，朝鮮和中共的關係下降到中共和韓國建交以來的最低點。

北京研判，朝鮮對張成澤採取如此雷霆手段，且兩國關係迅速跌入冰點，只有一個可能，就是張成澤和胡錦濤的談話內容遭到洩露，並被朝鮮方面獲得了相關情報。

消息說，被視為絕密的胡錦濤和張成澤談話，中共內部知道情況者不超過 20 人，當局經過嚴密調查後，判定消息是周永康通過仍然效忠於他的國安部人員以非法手段祕密取得，並洩露給朝鮮。據聞，北京在朝鮮官場內部的最高級別眼線報告說，被洩露的消息是通過朝鮮和中共一名位高權重、原高級領導人之間的祕密通道傳遞的，周永康因此被確認為洩密的關鍵人物。而朝鮮的這名高級別眼線也因此被暴露而逃往中國。

和金家關係密切 周永康洩密獲罪

周永康與朝鮮金氏政權關係密切並不是祕密，外界早就有輿論稱周永康是「北京與金氏父子維繫關係的橋梁」。朝鮮上任領

導人金正日於 2010 年正式指定金正恩為繼承人後，曾舉行盛大閱兵儀式，當時周永康是與金氏父子「唯一同台的外國人」。而當時就有報導稱，周永康與金氏父子同台觀看閱兵儀式之後向外賓說，他有信心金正恩會稱職。

有中共官方背景的香港「中國評論新聞網」，2010 年 10 月 10 日曾發表題為《金正恩首次外交亮相　與周永康觀看《阿里郎》》的報導。

報導稱，朝鮮最高領導人金正日及他的第三子金正恩 10 月 9 日與周永康會面。金正日在會面中表示，周永康對朝鮮的訪問，是「在朝鮮這個重要的時刻」對朝鮮的「巨大鼓舞和支持」。

會面結束後，周永康與金家父子一同觀看了大型團體操和藝術表演《阿里郎》。據稱，這是作為未來朝鮮第三代領導人的金正恩首次公開參與外交活動。報導描述：「金正恩坐在父親金正日右手邊第二位，表情淡定，在歡迎周永康時更露出微笑 。」

而同樣具有中共官方背景的「大公網」，2013 年 7 月也曾發文吹捧：「金正恩憑藉周永康 2010 年訪問朝鮮時開始公開『涉足』外交。周永康成為其獲得黨內接班人地位後公開會晤的首名中共高層。」

該文披露，周永康訪問朝鮮還有一個不為人知的祕密，那就是贈送金正恩一個特別的禮物——「一個印有毛澤東和金日成親切交談的瓷盤」。

2014 年 12 月 18 日，「世界之門」署名「作舟」的博客在論壇發帖表示：「金正日去見馬克思和金正恩接班的時期，正是周永康獨掌中國『國土安全』大權的時期。那時，周在軍中也是一拍桌子房檐兒掉土的『大佬』地位。而且周永康作為中共『警察頭

子』，與金家的關係被外媒解讀為『教父對信徒』的教誨和慫恿關係。」帖文寫道：「金正恩清洗張成澤等人的行徑不僅是殺雞儆猴（給他受中國庇護的大哥看），還可能與中共派系權鬥有關。」

周永康被軟禁調查的消息披露，和張成澤被處決的時間十分接近。英國《星期日泰晤士報》2013 年 12 月 22 日報導，不少外交官懷疑張成澤被整肅或與「中國情報公安系統靜默的激變有關」。

事實上，自從金正恩接棒後，胡錦濤和習近平對他都比較疏離，不滿他硬要搞第三次核試的跡象也甚為明顯，因此金正恩一直未能親自訪華。而張成澤卻明顯地很受胡、習的青睞與禮遇，外界普遍認為張成澤是朝鮮的親中派，張試圖推動朝鮮走中共鄧小平式的經濟改革之路。

2013 年 12 月 13 日朝鮮中央通訊社稱，金正恩的姑父張成澤因貪污腐敗被雙開後已被處決。

美國《洛杉磯時報》報導，中共領導層因張成澤被處決，為免外界將兩案相提並論損及中共形象，所以暫緩公布控告周永康。

時至 2014 年 7 月 29 日，中共官媒新華社發布不到 70 字的簡訊，通告中紀委對周永康立案審查。2015 年 6 月 11 日，周永康因受賄罪、濫用職權罪及洩露國家機密罪，被判無期徒刑、剝奪政治權利終身，並被沒收個人財產。

張成澤倒台 朝鮮親華派全軍覆沒

1946 年出生的張成澤，曾任朝鮮勞動黨中央政治局委員、朝鮮國防委員會副委員長、中央行政部部長、中央軍事委員會委員、國家體育指導委員會委員長與朝鮮人民軍大將。他是金正日的妹

妹、金日成長女金敬姬的丈夫。在被處決之前，他被視為朝鮮實際上的「二號人物」，也是該國經濟改革和創新領域的標誌性人物，在朝鮮屬溫和派及知華派。

張成澤從金正日時代開始就負責與中國的經濟合作，是朝鮮現政權中的所謂「知中派」或親華派，也是中共官方最信任的朝鮮高官。

2012 年 8 月訪華期間，張成澤被安排到國家元首級人物下榻的釣魚台國賓館，並和中共達成了許多默契，一度迎來因 2012 年 4 月朝鮮射遠程火箭而有所惡化的雙邊關係緩和的局面。

張成澤從 2011 年開始全權負責黃金坪、威化島、羅先特區的開發，主要是和中國官民資本合作，在朝鮮進行所謂開放的試點。2011 年 6 月在遼寧省丹東舉行黃金坪經濟區開工儀式時，張成澤親自出席活動並與中共商務部長陳德銘一起剪綵。此外，張成澤還出席了包括連接中國吉林省琿春和羅先的公路項目在內的羅先特區共同開發開工儀式。2011 年 5 月和 8 月，金正日兩次訪問中國後，兩國間就開發黃金坪和羅先特區達成了協議。

張成澤在位期間還扮演朝中高層交流的橋梁角色。張成澤曾多次陪同金正日訪問中國，和包括中共國家主席習近平在內的中共新領導班子也有交往。

張成澤被處決之後，他所有親信都被嚴厲整肅，在國外任職外交官的親戚全數被調回國內處理。黨政軍內部幾乎所有與他有關的所謂知中派（親華派）都遭到整肅，被撤職和關押者高達數千人。

2014 年習近平發給金正恩擔任最高職位的賀電，被放在朝鮮勞動黨機關報的第三版，而非過去慣例的頭版頭條，突顯了兩國

關係出現急速惡化。

金家兩代遺囑「警惕中國」

朝鮮對中共的高度防備非始於今日。從朝鮮第一代領袖金日成開始，就毫不留情地打擊親華派，即使在朝鮮戰爭期間，金日成也沒有停止這種清洗運動。他先以修復水庫不力為由將內閣副首相許嘉誼降職，隨後又指責其在吸收黨員的問題上搞「關門主義」，阻撓黨的擴大，於 1951 年 11 月撤銷其一切職務。隨後金日成在 1951 年以「平壤失守」和「作戰不力」為由解除了延安派勢力最大的人物、民族保衛省副相兼人民軍炮兵司令武亭手中的權力。武亭被彭德懷接往中國。

被認為是毛澤東個人代表的內務相朴一禹，早年在中國東北參加中共革命，擔任過「敵後抗日」根據地的中共縣委書記、陝甘寧邊區政府的參議員，也是中國共產黨七大的代表。朝鮮建國之後，朴一禹當選朝鮮中央軍事委員會委員，並出任內閣副首相兼內務省相、授大將軍銜，1953 年晉升次帥軍銜。1955 年 4 月的朝鮮勞動黨中央委員會全體會議上，朴一禹作為「反黨宗派分子」被開除出黨。

1956 年朝鮮的延安派為逃避清洗而紛紛流亡中國，包括商業部長尹金欽、職業總同盟委員會委員長戌輝。到 1961 年 9 月，朝鮮勞動黨四次代表大會選出的 85 名中央委員中，原來的 71 名中央委員連任者只有 28 人，其餘 43 人所謂親中派、親蘇派都遭到金日成的清洗。後來解密的蘇聯內部文件記錄了金日成的清洗過程：在一個月內，有 2000 多人遭到整肅，其中 400 多人以反

對朝鮮政治體制的名義被公開槍殺。

韓國一位專家稱，金日成本人對中共一直保持高度警惕。中國文革期間，中共的紅衛兵曾在鴨綠江邊架設高音喇叭，高聲批判蘇聯的修正主義，以及蘇修的「狗腿子」。後者被認為是暗指金日成。而朝鮮也針鋒相對，用高音喇叭批判中國的民族沙文主義。

第二次危機是 1992 年中共和韓國建立正式外交關係。對朝鮮金家政權來說，中共的行為是不顧道義，因為此時南北兩韓在法律意義上仍處於戰爭狀態。金日成惱羞成怒，召見中共大使給他一頓臭罵，甚至以和中國大陸斷交、和台灣建交作為要挾。中共政府採取息事寧人的態度，增加對朝鮮的經濟援助。而朝鮮此時根本無法脫離中共的支持，隱忍的結果是留下了一個所謂金家兩代的遺囑：警惕中共。

金日成 1994 年去世後，金正日繼續和中共保持若即若離的關係。消息稱，當他最終交班給他的幼子金正恩的時候，把金日成的這個遺囑原封不動地傳了下來，因此金正恩對中共的態度自始冷淡。

中共痛失中日美爭霸王牌

西太平洋區域的各國角力在最近五年愈演愈烈，其中最重要的角色無非是中共、美國和日本。以往，朝鮮一直都是中共在這場角逐中的一張王牌。無論是朝鮮發生糧食危機和能源危機之後的國際救援，還是朝鮮核試爆及飛彈試射帶來的區域緊張，中共都扮演著「特殊」的角色。

過去的六方會談中，美國因為韓國的拖滯和對盟國的道義，

不能單獨和朝鮮進行雙邊談判,因此中共成為美國「寄望」的角色。

事實上,朝鮮對這一情況也非常清楚,該國政治決策人物也常常以此要挾中共。而朝鮮和中共的國際外交雙簧演得最出神入化的時期,正是江澤民時期,而在周永康負責中國安全事務期間,朝鮮和中共幾乎是達到親密無間的程度。

張成澤事件之後,朝鮮和中共的關係完全脫軌。朝鮮城市出現咒罵中國的標語,外交人員甚至暗示美國,朝鮮飛彈「也可以瞄準西邊」。雖然金正恩和大國交惡,但他似乎想要用和韓國的暗中默契,繼續上演在大國間的危險平衡遊戲。

但對中共來說,這種發展其實等於喪失了一個絕好的籌碼。按照北京的一位外交智庫學者的觀點,「東北亞地區的外交平衡可能出現戲劇性轉折」。明瞭這一點,才能真正明白中共官媒《人民日報》對周永康行為「等同於叛徒」批判的真實意義。

第三節

金正恩兩眼無神 朝鮮政局動盪

金正恩 2013 年 12 月 17 日在祭拜金
日成與金正日時，始終兩眼無神。（大
紀元資料室）

　　在處死張成澤之後，2013 年 12 月 17 日，朝鮮舉行了金正日
逝世兩周年紀念活動，在平壤體育館舉行追悼大會，眾官員陪同
金正恩、李雪主到錦繡山太陽宮參拜金日成與金正日。

　　從朝鮮央視實況轉播畫面上可以見到，坐在追悼大會主席台
中央的金正恩，看上去好像情緒很差，始終兩眼無神，臉色死灰，
頭髮有些散亂，表情呆滯，看似非常憔悴。整個過程中，金正恩
雖然偶爾也會鼓掌，但沒有正視前方，始終面無表情。

　　金正恩的表現引發外界聯想，因為五天前他的姑父張成澤剛
被處死，朝鮮局勢是否如金正恩所願，尚待觀察；朝鮮新的局勢
是否已經被金正恩完全掌控，也難預料。

　　而備受關注的金正恩的妻子李雪主，在金正日追悼大會上也
未現身，只是隨金正恩參拜金正日遺體。眼尖的媒體隨即發現，

「消失」62 天的李雪主消瘦許多。

韓國媒體援引消息稱，李雪主由於深陷性醜聞傳言，其朝鮮「第一夫人」位子可能受影響。有傳聞說，李雪主由張成澤推薦給金正恩做第一夫人，且她在擔任銀河水管絃樂團團員時與張成澤有染，這頂綠帽讓金正恩吞不下去，於是解除一手培植自己的姑丈所有實權。不過後來證實，這是有人散布謠言來混淆視聽。

金正恩身邊的神祕人物消失

有媒體還發現金正恩身邊少了一位神祕人物，此人在 2012 年 12 月的金正日逝世一周年紀念活動中，無論是追悼大會還是參拜太陽宮，以及之前的錦繡山太陽宮開宮儀式，都會站在金正恩身邊，他就是朝鮮專門研發火箭導彈、朝鮮第二自然科學院院長崔春植。但此次活動中未見其蹤影，令外界猜測紛紛。

另一名值得關注的女人是金正恩的姑母，也就是被處死的張成澤的妻子金敬姬，也未現身。

自金正日逝世後，金敬姬一個不落地參加了金正恩的歷次參拜活動，並且站在第一排。作為金家的長輩，金敬姬這樣的輔政家屬卻沒有出席 2013 年的紀念活動，非同尋常。

2013 年 12 月 14 日朝鮮公布金敬姬曾名列勞動黨中央檢閱委員會委員長金國泰治喪委員會委員。韓媒稱，金敬姬已經很久未在官方場合亮相，有傳聞稱她身體不適。另有韓媒稱，金敬姬有可能卸下所有職務，完全從政界隱退。

金與眾官員站位有變 軍方集體右轉

有媒體注意到 2013 年錦繡山太陽宮參拜活動中，金正恩與李雪主的站位出現重大變化，並且拿出以前的照片進行詳細比對。

2012 年 12 月，金正恩與李雪主率百官參拜錦繡山太陽宮時，和官員站一排；2013 年 7 月 27 日朝鮮戰爭紀念日，金正恩前往錦繡山太陽宮拜謁金日成與金正日時，站位仍然不夠突出；然而此次，金正恩與李雪主 12 月 17 日在錦繡山太陽宮的站位明顯往前一大步，非常突出其「領袖」的姿態。

此外，在 2013 年的紀念活動中，內閣總理的位置開始大幅度上升，總理朴鳳柱罕見地坐在追悼大會主席台上，並且軍人的站位也從金正恩的左手邊轉移到右手邊。

有分析指，這一明顯的變化突顯金正恩對軍政府的恐懼，表明金正恩正在培養自己的執政體系，建立自己的「根據地」。

張成澤遭肅清 金正男被毒殺

韓國《Herald 經濟》引述朝鮮消息人士報導，張成澤遭肅清和金正日長子金正男有關。

金正恩政府上台後，張成澤和金正恩之間就經濟改革和對外政策存在分歧。張成澤試圖讓金正男奪權，最近還派親信和金正男接觸，被金正恩發現後才遭到肅清。金正男這幾年都住在北京，難免讓金正恩深感威脅。

韓媒分析，金正恩可能會著手剷除曾經與他爭奪繼承權的同父異母哥哥金正男。韓聯社報導，金正恩成為金正日接班人之後，

兩度派人暗殺移居海外的金正男都不成功，也受到張成澤出面阻撓，如今張成澤這面擋箭牌消失了，金正男的人身安全可能會遭遇巨大威脅。

數年後的 2017 年 2 月 13 日，金正男在馬來西亞機場被毒殺。詳見第九章剖析。

張成澤賣國賊罪名直指中共當局

中國人糾結的是，張成澤的判決書說：「張成澤犯下的賣國行為還包括讓親信隨便賣掉煤炭等寶貴的地下資源，上捐客的當，欠下很多債；2013 年 5 月居然還以還這筆債為藉口，以 50 年為期向外國出賣羅先經濟貿易區的地皮。」據此，金正恩及其左右手已經將矛頭直接指向北京，只差沒有公開點名而已。

在平壤公開的張成澤罪狀中，經濟問題占了相當大的比重。因為羅先經濟貿易區包括羅津、先鋒、雄尚、豆滿江四個城鎮，與中國吉林省琿春市毗鄰。羅津港鐵路與中國圖們市接軌，公路與中國琿春的圈河口岸和沙坨子口岸相通。羅津港是中國東北地區物資實現「借港出海」的最佳口岸。2012 年，張成澤就羅先開發區等問題專程訪問中國，會晤時任中共國家主席胡錦濤。

況且，羅先特區對外招商的有力口號之一就是「50 年產權」。鑒此，當前平壤指責張的賣國罪行，無疑矛頭直指「共犯」北京。

在中外觀察家看來，平壤當局如此將北京當局罵得狗血淋頭，明顯將北京描繪為最危險的「外國」敵對勢力。而北京做出的正式反應則是「唾面自乾」。中共外交部發言人表示，張成澤之死是朝鮮的內部事務，北京將一如既往地跟朝鮮維持友好關

係。與此同時，北京當局顯然正在竭盡全力，避免提及平壤當局對北京當局的譴責和詛咒。

張成澤被如此戲劇性地抓捕、定罪和處死的消息，引起中國網民強烈反應。「更可悲的是，我黨一如既往地無條件支持金三狗及其獨裁法西斯統治。」「應該感謝金三他爺爺，是他消滅了毛二代。謝謝啊。要不，朝鮮網民還在對岸看毛三代的笑話呢。」

處決姑父 朝鮮「不祥之兆」

金正恩處決張成澤，當時正在越南訪問的美國國務卿克里表示：「這反映了朝鮮冷酷、可怕獨裁政權的本質，也顯示金正恩行事魯莽、冷酷無情，而且缺乏安全感。」克里將他比作伊拉克獨裁者薩達姆──將人公開從政治局擴大會議上拖出，剩下的人坐在那冒冷汗，只有薩達姆幹過同樣的事。事件反映金正恩憂慮自己的權力不穩固，需要剷除可能對他有威脅的人，自他掌權後，類似處決行動已經發生過若干次。

自 2011 年 12 月金正日猝死、金正恩上位以來，200 餘高官幾乎被撤換一半，連曾被看作金正日死後輔佐金正恩的攝政王都難逃一死，成為「千古逆賊」。當初為金正日扶靈的七名高官中，五人已經被解職、免職或處決。

韓國統一部 2013 年 10 月公布的報告稱，金正恩執政後，218 名黨政軍幹部中有 97 人被替換，比率達 44％。除了讓一批軍方元老讓位外，還有一些人被公開處決。

國際關注朝鮮領導人金正恩的下一步行動，警惕他可能發起的挑釁行為。

第六章

張德江馬曉紅
走私核原料

中共核工業部消息人士透露，中共控制朝鮮核試驗的關鍵原料、技術與尖端技術人員。2016 年 8 月，向朝鮮走私可開發核武器產品的鴻祥公司老闆、江派核心人物張德江的情婦馬曉紅被捕，證實多年來中共江派暗中提供朝鮮核武的傳聞。

朝鮮至今沒有開發出一座鈾礦和可提煉濃縮鈾的工廠，核原料完全靠中共進口。圖為兩輛滿載貨物的卡車正要開往朝鮮。（Getty Images）

第一節

馬曉紅走私核原料的商政祕網

遼寧鴻祥集團董事長馬曉紅涉嫌向朝鮮走私核武器及導彈開發所需物品被抓，也證實了中共江派暗中對朝鮮提供核武的傳聞。（資料圖片）

丹東鴻祥控制人馬曉紅被抓

2016 年 9 月 15 日，遼寧省公安廳官方微博發布消息稱，鴻祥（丹東鴻祥實業發展有限公司）及相關責任人在貿易活動中涉嫌嚴重經濟犯罪，目前相關涉案人員正在接受警方調查。

鴻祥公司的創始人和掌控者是馬曉紅。從各方報導來看，她和此前江派掌控的中聯部，周永康親信、前遼寧政法委書記李峰等都有關聯。

9 月 20 日，中國外交部發言人基本證實了馬曉紅被捕的信息。陸媒其後的調查顯示，馬曉紅在 8 月底即被本溪市公安局調查。

美國華盛頓高級國防研究中心（C4ADS）與韓國首爾峨山政策研究院在 9 月 19 日共同發布的一份研究報告指，鴻祥公司向朝鮮出售可用於開發核武器的產品，僅在 2011 年到 2015 年間，

鴻祥與朝鮮的貿易額達 5 億 3200 萬美元，其中從朝鮮進口了價值 3600 萬美元的貨物。而這個數額幾乎足以為朝鮮的鈾濃縮設施，以及設計、製造和試驗核武器提供資金。

官網顯示，成立於 2011 年的遼寧鴻祥實業集團是由 2000 年 1 月始創的丹東鴻祥實業發展有限公司及遼寧鴻祥國際貨運代理有限公司發展而來。集團下屬全資、控股、合資合營公司包括丹東鴻祥實業發展有限公司、遼寧鴻祥國際貨運代理有限公司、遼寧鴻祥國際旅行社有限公司、丹東鴻祥邊境貿易信息諮詢服務有限公司、柳京酒店、瀋陽七寶山飯店。上述公司或酒店、飯店都與朝鮮存在密切關聯。

馬曉紅被抓，也證實了多年來中共江派暗中對朝鮮提供核武的傳聞。

中共給朝鮮提供濃縮鈾

早在 80 年代初，金日成就曾經向中共提出援助朝鮮濃縮鈾及派遣專家的問題，但遭到當時中共領導人胡耀邦婉言拒絕。據說胡耀邦當政時用東北大豆和凍豬肉頂替了原子濃縮鈾。

1989 年 6 月江澤民當上中共總書記後，對外出訪的第一個國家即是朝鮮，受到金日成、金正日父子的熱情歡迎。那段時間中共因為「六四」鎮壓而在全世界面臨嚴重孤立，除了朝鮮外，幾乎再沒一個國家願意讓中共黨魁到訪。江對金日成表態，永不辜負朝鮮。

自由亞洲電台報導，最初是鄧小平同意「援助」一定數量的濃縮鈾。

當時有西方觀察家分析，朝鮮至今沒有開發出一座鈾礦，更沒有一座可以提煉濃縮鈾的工廠，它發展核設施無論是民用還是軍用，其基礎原料肯定是從國外進口的。

江澤民掌權後在朝鮮祕密布署核武

在江澤民掌權期間，中共對朝援助約 15 億到 37 億 5000 萬美元。

前些年，維基解密曾短暫披露中朝核交易詳情，後在壓力下抹去。據維基解密披露，江派前副總理錢其琛手下線人向美國密報：朝鮮根本就沒有核武器，都是北京祕密布署的，目的是平衡美國在台灣的影響力。

公開資料顯示，錢其琛任主導外交事務的副總理時間是 1998 年 3 月至 2003 年 3 月。當時正是江澤民掌實權時期。

據中共核工業部消息人士透露，朝鮮的核技術人員一直是在中國接受訓練，最尖端技術都來源於中共。中共實際上控制朝鮮核試驗的關鍵原料和技術、尖端技術人員，甚至有些實驗都是在中國核基地祕密完成。

另有消息稱，朝鮮在掌握中共提供的核技術之後，還向伊朗等國擴散核技術、核材料，公海上過不去，都是通過中國的領空領土進行。沒有北京支持，朝鮮、伊朗之間的核擴散根本無法進行。此外也有說法指，中共通過巴基斯坦，再把核技術轉到朝鮮和伊朗。

2004 年起朝鮮有財力開發核武器

朝鮮日報網消息，朝鮮在 2006 年進行了第一次核試驗後，馬曉紅曾對一家大陸報紙說，她「沒太驚訝」。她表示：「我覺得也是鋪墊了很久的事情了。」

2016 年 9 月 26 日 BBC 報導，朝鮮光鮮銀行（KKBC）主管外貿，2004 年起在中國丹東設立分行，多年來幫助平壤當局獲取了數十億美元價值的外匯，使朝鮮政權得以有財力開發核武器和彈道導彈項目。

朝鮮光鮮銀行是鴻祥實業物流有限公司的大股東之一。鴻祥實業物流是鴻祥實業發展有限公司的子公司。

2009 年 5 月，鴻祥實業與朝鮮國有企業朝鮮國家保險公司成立了一家名為遼寧紅保實業有限公司的合資公司，主要從事工業資料、電氣裝備和紡織品等商品貿易。

鴻祥實業持有合資公司 51％的股權，餘下 49％由朝鮮國家保險公司持有。朝鮮國際保險公司 2015 年遭到歐盟委員會的制裁，緣由是這家公司上繳外匯資助朝鮮的核武器方案。

2013 年，聯合國對朝鮮進行核試驗而通過制裁朝鮮決議後，習當局關閉了這家朝鮮金融機構在華分行，還要求中共大型國有銀行關閉在光鮮銀行的戶頭。

「江家王朝」在中朝貿易的「拼圖」

從江派王珉的仕途也可以看出江澤民、曾慶紅對「中朝貿易」的大致安排。

江派為朝鮮提供核武材料的巨大拼圖。（大紀元製圖）

《大紀元》獲悉，時任蘇州市委書記的王珉原本被安排在 2004 年擔任商務部長職務，遭其拒絕，後來去了吉林做省長；2006 年成為吉林省委書記；2009 年起擔任遼寧省委書記。而這兩個省都在邊境上有「中朝貿易」。

也是在 2004 年，薄熙來被安排從遼寧省長的職務上調去了商務部擔任部長。2007 年薄熙來卸任商務部長，接替他的是另一名江派大員陳德銘。

而陳德銘和王珉都曾經擔任蘇州市委書記。江澤民掌權時期，在江蘇揚州出身的蘇州市委書記仕途都「青雲直上」。前《文匯報》記者姜維平透露，王珉是江澤民、曾慶紅的小兄弟。

時事評論員石久天表示，從地理版圖來說，王珉和李峰掌控吉林、遼寧與朝鮮的邊境「貿易」。在商務部內，薄熙來和陳德銘把持「中朝貿易」。在中聯部，江派王家瑞做了 12 年部長。曾慶紅家族和周永康家族又一直控制著大陸的石油行業。隨著周永康、王珉落馬，李峰「失蹤」，馬曉紅被抓，「江家王朝」對朝鮮核武的控制直到近期才崩潰。

韓媒猜測馬曉紅或搭上金正恩

日本媒體透露，朝鮮最高領導人金正恩的姑父、前朝鮮第二號人物張成澤在 2012 年訪華期間，祕密與胡錦濤及溫家寶會面，就金正日長子金正男替換三子金正恩事宜進行了密商，但消息被前中共政法委書記周永康洩露，導致張成澤被殺。

日本《讀賣新聞》2016 年 9 月 22 日報導，已被逮捕的馬曉紅發揮了朝鮮國防委員會前副委員長張成澤與大陸方面的「管道」作用。

報導又解釋稱，2013 年張成澤被侄子金正恩處以死刑後，雖然有很多大陸企業失去了與朝鮮的交易管道，但是朝鮮一直維持著與馬曉紅董事長的關係。

2016 年 9 月 25 日，《中國經營報》發表文章《背景驚人！揭祕丹東最牛女首富：與朝鮮官方淵源極深》揭祕，早在張成澤負責朝鮮外貿的時候，馬曉紅就與勝利會社有生意往來。2013 年，在張成澤被處決之後，勝利會社解體。而鴻祥實業的經營也迎來寒冬，遭受重創，虧損達 6900 多萬元；但局面在第二年很快得到扭轉，2014 年即實現盈利 1500 萬元。報導引述知情人士的話表示：「張成澤垮台之後，馬曉紅很快就恢復了對朝貿易。也就是說，在人際資源方面，不排除又找到了新的背景。」

韓國《中央日報》9 月 26 日引述訊息源的話說：「這其中有更加堅固的『上線』，我們猜測認為應該是朝鮮勞動黨委員長金正恩或朝鮮軍方。」

李峰的後台是周永康

馬曉紅與江派的關係，隨著各家媒體的報導，慢慢展示在公眾面前。

當陸媒報導馬曉紅被「調查」的同時，遼寧省人大副主任李峰突然被免職。李峰自 2001 年起任遼寧公安廳廳長，2002 年 5 月至 2011 年末任遼寧省委常委、政法委書記，後轉任遼寧人大副主任。

海外中文媒體稱：「至於李峰被免職，表面原因是因為遼寧省人大代表賄選案，他作為省人大副主任、黨組書記，負有領導責任。但是不要忘記，李峰曾任遼寧省公安廳長、省政法委書記多年，對於鴻祥這樣與朝鮮官方、軍方有聯繫的企業，沒有遼寧省公安當局的照應和默許，不可能順利的。」

同時，海外媒體還重新爆出當年富商袁寶璟被殺的黑幕，指時任遼寧政法委書記李峰是周永康親信，並對袁寶璟執行死刑以滅口。

中聯部對朝祕密任務 李峰配合

自由亞洲電台 9 月 27 日報導，在中共遼寧省委和省府機關裡，上至省委常委下至普通科員，無人不知中聯部在遼寧省會和丹東市均設有祕密工作站，內部習慣稱之為「駐在」，遼寧省公安廳和國家安全局均有祕密配合中聯部工作的任務。

海外學者高新分析：「至於馬曉紅其人最初是中聯部自己在遼寧省發展的『下線』，還是李峰向中聯部推薦的？筆者更傾向

於後者的可能性。」

自 2015 年 11 月開始，中聯部被重新洗牌，江派王家瑞卸任，習近平舊部宋濤任中聯部部長。2016 年 7 月，中聯部副部長、曾任前外交部長李肇星的祕書、也是令計畫中辦舊部的丁孝文亦被替換。

這之後兩個月，海外就傳出了中共支持朝鮮發展核武、中聯部安排馬曉紅執行的消息。

疑馬曉紅和李峰流通朝鮮假美鈔

2016 年 9 月 27 日《朝鮮日報》發文指，馬曉紅的鴻祥集團疑流通朝鮮偽造的美元。

多年前，大陸境內的公開網站中有一篇題為《袁寶璟妻子：懷著複雜的心情期盼殺手的到來》的網帖稱，已被執行死刑的袁寶璟曾告訴有關司法工作人員，一名省級政法委書記掌控該省境內的毒品犯罪以及假鈔買賣活動。

轉載這篇文章的網民則稱，朝鮮的金某印假鈔、賣毒品是公開的事實了……「李瘋」就是高層在邊境上的接應者。

這位網民特別加上註解：「註：『李瘋』就是李峰，現任遼寧省委常委、政法委書記。袁寶璟曾揭發此人不僅有重大腐敗現象，還掌控遼寧境內的走私、販毒網絡。」

這個網帖至今仍未被刪除。

王珉和李峰實控遼吉的中朝貿易

自由亞洲電台報導，王珉從吉林省調任遼寧省委書記後，接到的下面上來或者中紀委轉批下去的對李峰的舉報材料不但全部扣發，甚至涉嫌向李峰透露舉報內容。

王珉是 2009 年 10 月左右到遼寧省委的，此前在吉林省擔任省長和省委書記期間，即已經被時任遼寧省政法委書記李峰在酒桌上放倒了。

當時的李峰曾經對周圍的人吹牛說：「如今我李峰的政治影響力已經從遼寧省擴展到吉林省了，吉林的省長王岷在酒桌上不讓我叫他王省長，讓我叫他大哥。」

李峰還曾向遼寧省的商界人士誇口，吉林省的好幾個大型、超大型開發項目，「只要我開口，王珉肯定不會駁我的面子。」

報導還說，遼寧方面早就有傳說王珉在擔任吉林省委書記期間，李峰即已經利用和王珉的酒友關係，把在遼寧省定期向李峰進貢的私營業主弄到吉林大發「中朝貿易」之財。

第二節

張德江馬曉紅與金正恩

馬曉紅（左）據傳是張德江（右）的情婦兼王牌特工，而對朝鮮的具體交易由中共中聯部安排馬曉紅執行。（新紀元合成圖）

朝鮮被外界視為流氓政權、中共政權的小兄弟，一直靠中共政權扶持。2016 年美國取得確鑿證據，證明遼寧丹東市鴻祥集團股份有限公司給朝鮮提供核材料，被北京當局正式查封。

鴻祥的老闆馬曉紅據傳是中共江派中央政治局常委張德江的情婦兼王牌特工，而對朝鮮的具體交易由中共中聯部安排馬曉紅執行。

中共的江澤民派系被認為是中共體制內的極左勢力，隨著江派在政壇、金融系統等領域逐步被清洗後，由他們決定朝鮮政策局面也會出現變化。此前每次朝鮮核試都和中共高層的習、江博弈有直接關係。因此有專家認為，習近平或在十九大前清理親朝派。

「朝鮮通」張德江仕途遇三「貴人」

中共現任政治局常委、全國人大委員長張德江，出生於 1946 年 11 月，遼寧台安縣桓洞鎮人，在他 12 歲那年，全家離開農村到吉林長春市，曾就讀長春市第四中學。

他並非中共紅二代，其父親因為會理髮，成為吉林省委大院專職服務官員的理髮師。張德江能當上吉林的「封疆大吏」，及現在爬上中共第三號人物的權力頂峰，不得不提他生命中遇到的三位「貴人」：汪清縣的朝鮮族人李德洙、吉林省委書記趙南起，以及中共前黨魁江澤民。尤其是後者，中共政壇以其名戲稱：「德江德江，多得老江。」

1968 年，張德江作為知青下鄉到了吉林省汪清縣羅子溝公社太平大隊，在這裡認識並巴結上了汪清縣的朝鮮族人李德洙，他生命中的第一位「貴人」。此人歷任中共汪清縣委常委兼共青團汪清縣委書記、中共汪清縣委宣傳部部長與副書記、共青團中央委員、共青團吉林省委副書記、吉林省青年聯合會主席、中共龍井縣委書記、延邊朝鮮族自治州委書記與州長、中共吉林省委常委。1988 年，李德洙出任吉林省副省長；1990 年 11 月，調任國家民族事務委員會副主任；1992 年 8 月，出任中共中央統戰部副部長等職務。

因此張德江當知青才兩年就被提幹成為汪清縣革委會的宣傳幹事，工作三個月便成為中共黨員，隨後當上機關團支部書記。

1972 年張德江作為工農兵大學生，被推薦去延邊大學朝鮮語系學習朝鮮語，並在畢業後留校，當上革委會副主任、校黨委常委及朝鮮語系黨總支副書記。留校工作三年後，1978 年被派往朝

鮮金日成綜合大學經濟系學習，他還是當時留學生黨支部書記。在金日成大學「鍍金」兩年後，1980 年回到延邊大學任副校長、大學黨委常委。

1983 年 3 月中旬，在延邊朝鮮族自治州州委書記李德洙推薦下，張德江離開學校就任吉林省延吉市委副書記，從此步入政壇。一年後，張德江升為延邊州委常委；又過一年，張德江就被李德洙提拔當了副手──延邊州委副書記。

張德江在吉林的官場亨通，還跟當時的吉林省委書記趙南起有關。張德江父親通過理髮跟趙南起建立聯繫，並因此張德江掛靠了趙南起。

趙南起 1927 年生，中共解放軍上將，官至總後勤部部長、中央軍委委員、解放軍軍事科學院院長。趙南起文革中被打倒，1973 年復出。復出後，在通化軍分區做政委，一直到吉林省軍區政委。同時趙南起還擔任地方職務，自 1978 年起曾擔任過吉林省延邊州的州委書記、人大主任、吉林省副省長，一直到相當於吉林省委副書記。

提攜張德江時，趙南起正任職政協副主席。於是，1986 年至 1990 年間，張德江曾離開吉林，擔任中共國家民政部副部長、黨組副書記。

1989 年「六四」後，江澤民當上了總書記，趙南起時任總後勤部部長、軍委委員。趙的後台是洪學智，江與洪學智、趙南起合作，以對付楊尚昆等勢力。憑藉這層關係，趙向江推薦了張德江，張開始受到重用，這也是外界認為其是江澤民嫡系的緣由。

1990 年 3 月，江澤民就任中共黨魁，首次外訪就選擇朝鮮。據悉，當時還是吉林民政部副部長的張德江，因一口流利的朝鮮

語陪同江出訪。從此張德江坐上江澤民的快車更是青雲直上。

半年後，張德江擔任吉林省委副書記兼延邊州委書記。江澤民當時還叮囑張德江要把延邊建成「模範自治州」。江澤民在張德江就任延邊州委書記才三個月，便前往吉林考察，把延邊作為其重要一站。1992 年張德江被安排成為中央候補委員。

五年後的 1995 年，張德江從副職轉正任省委書記；1997 年十五大上，張德江當上中共中央委員；1998 年，張德江奉命調任中共浙江省委書記；十八大江澤民還把張德江塞進了政治局常委。

張德江為什麼會得到江澤民的信任和栽培呢？有人認為張很聽話，是個權力追隨者，誰當權就聽誰的。比如他曾公開撰文反對私營企業家入黨，但在江澤民發表私營企業家可以入黨的講話後，立刻 180 度大轉變，肉麻吹捧江「樹立了又一座理論豐碑」。

官場內流傳說，江澤民對名字、名稱有一種特別的迷信。江喜歡好名字，認為能給自己帶來吉利，比如（周）永康、（李）長春、（曾）慶紅、（賈）慶林，這些名字都受寵。「德江」更是江看中的好名，叫一聲「德江」，似乎就是給江本人補「德」、頌「德」。北京圈裡的人都說「張德江是江必保之人」。

張德江積極參與迫害 執政地方時禍事連連

張德江在浙江任職期間，正好是江澤民發動史無前例的鎮壓迫害法輪功運動，張作為地方大吏，為效命江澤民，積極執行江的鎮壓路線，被江視為心腹，一路護送他達到權力頂峰。

據追查迫害法輪功國際組織（簡稱「追查國際」）2014 年的一份追查報告顯示，張德江在江澤民開始鎮壓法輪功時，就迅速

借助媒介大肆誣衊和攻擊法輪功，利用輿論工具在社會上推動反法輪功活動。

1999 年 7 月 20 日，中共開始鎮壓法輪功幾天後，張就在媒體上公開表態，稱打壓法輪功是「亡羊補牢猶未晚」，要抓住當前時機，加強黨組織的建設和思想建設。2000 年 3 月初，張在中共黨報《人民日報》上繼續誣衊法輪功。同年 7 月，張德江在媒體上大肆鼓動對法輪功創始人和法輪功的「揭批」，強調反法輪功「是完全正確的」。2002 年 6 月張德江在浙江省第十一次黨代會上作報告，把堅決打擊法輪功看成是「確保國家安全和社會穩定」的因素。

因張德江緊跟江澤民的迫害政策，鎮壓有功，深得江澤民厚愛。2002 年 11 月，張德江當選中共中央政治局委員，躋身黨和國家領導人，會後不久接替江派李長春出任廣東省委書記。

追查國際的調查報告顯示張德江主政廣東省期間，廣東省的醫療機構大量產業化涉嫌參與活體摘取法輪功學員器官的罪行，如廣東軍區總醫院、中山大學第三附屬醫院。曾任廣州中山大學附屬第三醫院肝臟移植中心主任的陳規劃，僅 2005 年一年就完成了 246 例肝移植。

在張德江任職廣東期間，廣東省也曾發生不少重大事件，包括 2003 年爆發的沙士（SARS）事件、孫志剛事件；2005 年的太石村罷免事件、東洲事件；以及後來的《南方都市報》案。由於張德江涉嫌隱瞞沙士疫情，令疫情在港擴散，造成 1755 人染病、299 人死亡，包括八名醫護人員殉職的災難。

2008 年張德江出任中共國務院副總理、黨組成員。2012 年重慶王立軍、薄熙來事件爆發後，張德江作為江派要員立即被派

往重慶任市委書記收拾殘局。張德江更在中共十八大上,被江派硬塞進政治局常委,爬上中共權力的頂峰。從十八大後至今,他任政治局常委、全國人大委員長,成為中共第三號人物。

朝鮮核試與中共政局相關

外界多認為,習近平當政後逐漸與金正恩政權疏離,擁核自重的朝鮮,已從中共的小兄弟變成中國的大麻煩。

十八大後,從大陸媒體報導可見一個端倪,朝鮮高官到北京只在本國使館停留,不像以前都會與中方有關部門接洽會面。

此前台灣《自由時報》也曾報導,中共與朝鮮的關係在進入2015年後並沒有良性改善,朝鮮官方甚至在報導世界各國發給朝鮮的新年賀電時,省略了習近平的名字,同時將中國的順序排至第二位。

美國華府中國問題專家石藏山認為,朝鮮挑釁已非第一次,但和以往江澤民主政時期不同的是,習近平本人比較希望積極解決核武問題,但朝鮮實際上是被中共江澤民集團控制。朝鮮核試有其政治目的,過去五次核試的時間點,均與中共內部政局發生的重大事件相對應,也就是胡、習陣營與江派的激烈博弈相對應。

其中最近一次,2016年9月9日,金正恩進行第五次核試,被認為和朝鮮核武案主角、丹東女首富馬曉紅被捕有關。

馬曉紅在2016年8月已被習當局逮捕,9月15日,遼寧省公安廳向外宣布馬曉紅被調查,稱鴻祥實業及相關責任人「長期以來在貿易活動中涉嫌嚴重經濟犯罪」。

有媒體分析,「長期以來」說明馬曉紅及丹東鴻祥實業從事

走私朝鮮核試驗敏感物資不是一天兩天、一回兩回，而是 17 年
如一日；朝鮮核試驗的軍功章裡，有金三胖的一半也有馬曉紅的
一半。

馬曉紅供出多位江派前後任常委

馬曉紅 2016 年 9 月被捕後，供出幾十名丹東官員，至少 30
多名關聯者被調查，包括同涉遼寧賄選案的遼寧巨富王文良，令
其與朝鮮關係密切的「江家王朝」網絡被曝光。除了已落馬的前
政法委書記周永康外，張德江、劉雲山、中共前國家副主席曾慶
紅等人，都牽涉其中。

馬曉紅還涉及遼寧省人大賄選案，452 人因賄選辭去代表職
務，馬曉紅是其中之一，此案也指向中共人大委員長張德江。

《南方周末》報導曾披露，馬曉紅早在 1996 年就涉足中國
與朝鮮間的邊貿，是極少數在中國和朝鮮都享有禮遇的成功商
人，還與朝鮮企業在朝鮮合資開辦了一座礦山。

傍上張德江 與朝鮮軍方祕密交易

大陸媒體披露，馬曉紅出道的時間，正值張德江（1995 至
1998 年）任職吉林省委書記、省人大常委會主任。

馬曉紅傍上張德江這條線，其事業越做越大也就不足為奇。
鴻祥公司由馬曉紅於 2000 年創建，企業後來發展為遼寧鴻祥實
業集團，旗下六家子公司，總資本約合人民幣 1.025 億元，有員
工 680 餘人。業務涵蓋貿易、酒店以及旅遊業。

　　2009 年，鴻祥公司與朝鮮民族保險總公司合資成立遼寧鴻寶實業公司，從事工業材料、電氣設備等貿易，鴻祥持 51% 股權。而朝鮮這家企業 2015 年因涉嫌為朝鮮核試提供資金，受歐盟制裁。

　　馬曉紅與朝鮮合資，在遼寧瀋陽搞的七寶山酒店（Chilbosan Hotel），是朝鮮在海外投資的唯一一家具有四星級標準的商務酒店。該酒店被指是朝鮮軍方駭客的窩點。

　　馬曉紅還被曝賺的錢都是跟朝鮮軍方進行祕密交易拿到的，她還給朝鮮的貿易夥伴和一些朝鮮幹部贈送了豐田轎車。

　　韓國智囊峨山研究所的報告披露，鴻祥公司是中國與朝鮮貿易往來規模最大的企業之一，光從 2011 年到 2015 年間的貿易總額就達 5.32 億美元（約 41.36 億港幣）。

　　2016 年 9 月 22 日，日本《讀賣新聞》消息稱，馬曉紅與朝鮮原二號人物張成澤關係密切，2013 年張成澤被金正恩處死後，朝方一直維持著與馬曉紅的關係。

　　同年 10 月 25 日，美國有關人士披露，美國當局已掌握馬曉紅是中共中央對外聯絡部（中聯部）的人。中聯部同意拋出馬曉紅是不得不為之的舉動。《紐約時報》此前報導引述美國官員的話，中方對馬曉紅的調查行動，是在美國司法部的壓力下採取的。

中聯部特工 助朝鮮核武

　　10 月 27 日，英國廣播公司（BBC）報導，美國指責鴻祥實業是「朝鮮發展核武器主要支持網絡」的一環，是朝鮮光鮮銀行的代理。美國司法部已正式指控鴻祥實業涉嫌為朝鮮發展核武器提供支援、洗錢等罪行。媒體還披露中聯部在遼寧省會和丹東市

均設有祕密工作站。

　　中國問題專家季達介紹，中聯部是中共祕密情報部門之一，負責和外國共產黨打交道，是東南亞國家共產武裝叛亂的總後台，因而惡名昭著。一些共產黨國家，比如朝鮮有閱兵，通常由中聯部的主管去，或者和朝鮮關係密切的江派官員去。

　　季達分析，江澤民集團長期掌控中聯部，並與朝鮮金氏政權關係非同尋常。中共十八大以來，中聯部是江派常委劉雲山管轄部門之一。因此，劉雲山出訪朝鮮的消息，是以中聯部的名義而不是外交部名義公布。

第三節

遼寧國企助朝鮮開採核原料

　　2016 年 8 月，遼寧鴻祥實業集團董事長、丹東女首富馬曉紅因涉嫌幫助朝鮮核計畫被捕。2017 年 5 月，美國媒體再曝光一家中國國有企業與朝鮮公司組建的合資企業，開採可以製造反應堆和導彈所需的礦物，而這項合作在近十年裡都沒有被曝光。

　　《華爾街日報》引述中國的公司和政府紀錄顯示，在過去十年的大部分時間裡，存在著一家由中國國有企業遼機集團與朝鮮永邦（Ryonbong）總公司設立的合資企業。這家合資企業開採鉭、鈮和鋯，這些礦物可用來製造核反應堆和導彈。

　　而美國早在 2005 年就對朝鮮的永邦總公司進行了制裁，聯合國也在 2009 年將該公司列入制裁名單，理由都是這家朝鮮公司捲入了大規模殺傷性武器項目。2017 年 4 月，美國的個人制裁名單上增加了三名永邦員工，其中兩人在中國。

　　遼機集團與永邦合資企業註冊地在朝鮮，但朝鮮不披露公司紀錄，因此其經營範圍及其當前狀況不詳。

　　遼機集團通過電子郵件回應稱，該合資企業從未開展過常規商業活動，且自 2009 年以來，該集團一直在試圖解散該合資企業。但中國企業紀錄顯示，直到 2017 年 2 月份該合資企業一直在中國有註冊地址。但在《華爾街日報》詢問該合資企業事宜後，遼機集團網站上有關該合資企業的信息離奇消失。

　　而遼機集團在休士頓擁有一家美國關聯公司，根據該關聯公司的首席執行長，遼機集團通過該關聯公司尋找投資機會。海關紀錄顯示，遼機集團在美國的另一項業務往來是在 2013 年借道美國向中國進口加拿大核能設備。

　　2016 年通過的美國立法要求白宮處罰那些與被列入黑名單的朝鮮實體開展業務的實體。據知情人士透露，川普政府內部已經討論了該遼機集團與永邦合資企業的情況。

　　對於最新被曝光的遼機集團案，小布什時期朝鮮政策關鍵人物 David Asher 說，一家涉及核貿易的中國公司竟然如此公開地與朝鮮合作，而美國竟然不對其實施制裁，並追究其美國關聯公司的責任，這太讓人吃驚了。

　　美國官員稱，永邦是朝鮮執政黨負責管理國防工業的一個委員會下屬的貿易機構。維基解密（WikiLeaks）公布的美國國務院一份 2006 年的備忘錄稱，朝鮮試圖通過永邦位於俄羅斯的辦公室獲得用於火箭固體燃料的化學品。

　　遼機集團網站稱，其公司在 2006 年擴張至朝鮮礦業領域——這一年也是朝鮮進行首次核武器試驗的年份。遼機集團董事長吳岩率領一個礦業專家團隊在 2007 年訪問了朝鮮。

第七章

習近平狠打江派
疏遠朝鮮

中共江澤民集團長期操控朝鮮金氏政權。金正恩的恐怖統治已達無視一切之境。習近平上台後對金正恩的一意孤行甚是不滿，開始中朝去血盟化措施，力推兩國關係正常化，在朝鮮半島事務上不再一味偏袒朝鮮。中朝關係由熱轉冷。

長期以來，朝鮮金氏政權一直受中共江派操控，江派要員周永康、曾慶紅、張德江等與金氏政權關係非同一般。（新紀元合成圖）

第一節

金正恩拒李源潮 邀劉雲山訪朝

朝鮮拒絕了李源潮的訪問，邀請中共江澤民集團對抗習近平陣營的前台人物劉雲山出席 2015 年 10 月 10 日朝鮮閱兵。（AFP）

朝鮮拒絕李源潮到訪

2015 年 10 月 10 日是朝鮮勞動黨創建 70 周年的日子。按照慣例，中共會派團訪問平壤，給金正恩充當門面。不過這次卻出現了意外。

韓國《東亞日報》10 月 1 日援引消息稱，中共當局想派中共國家副主席李源潮等政治局委員高級別人員前往朝鮮參加 10 月 10 日的紀念活動，以顯示改善中朝關係的誠意，但遭朝鮮拒絕。

五年前的 2010 年 10 月 9 日至 11 日，中共前政法委書記周永康率團參加朝鮮勞動黨創建 65 周年紀念活動。10 月 10 日上午，平壤金日成廣場上舉行盛大閱兵式，金正恩作為金氏政權的繼承人公開亮相大型活動。

據港媒報導，金正日給予周永康隆重的禮遇，周是唯一登上

閱兵式主席台觀禮並與金正日全程同行的中共代表團成員。金正日還拉起周永康的手一同向人群揮手致意。

金正日的「接班人」金正恩也會見了周永康，這是金正恩的首次「外交秀」，周永康成了金正恩當年 9 月公開其「接班人」身份後，首次公開會晤的中共高層。

然而如今的周永康卻成了階下囚，這令金正恩很不爽。

金家盟友周永康想爭主席位置

據《周永康和薄谷開來》一書披露，2011 年，即中共十八大召開的前一年，在一次中共政治局常委會上，周永康喋喋不休地大談讓薄熙來「十八大入常」。

對此話題，胡錦濤、溫家寶、習近平及李克強等分別表達了看法。周永康則稱，讓薄熙來擔任政法委書記分量都輕了，他推薦薄熙來分管中紀委和政法委。

周永康還聲稱，如果有必要，總書記、國家主席和軍委主席這三個職位也不要由一人擔任。國家主席不一定非要常委擔任，可以由退下來的人擔任。據說，習近平一看周永康野心如此之大，居然覬覦國家主席的位置，非常生氣。

此前十七大時，習近平進入中共最高領導層的政治局常委會，被內定為中共總書記胡錦濤的繼承者。2008 年 3 月習近平上任中共國家副主席。2009 年習近平在十七大四中全會上出任軍委副主席。按照中共慣例，習近平將在中共十八大接任總書記及軍委主席職位，次年兩會當選中共國家主席。

金正恩冷處理習近平賀電朝鮮國慶

自從習近平上台後，對金正恩的一意孤行甚是不滿，兩國關係也日趨冷淡。

比如 2015 年 9 月 9 日是金家王朝的所謂「朝鮮民主主義人民共和國」成立 67 年。按照外交慣例，跟朝鮮友好的國家都會在這一天向朝鮮發送賀電，並且在朝鮮官方報刊上予以刊登。中共作為朝鮮的戰略盟友，自然也不會保持沉默。

不過，人們看到的景象與往年大不相同。朝鮮官媒《勞動新聞》於 9 月 9 日當天在頭版醒目位置刊登了俄羅斯總統普京、古巴國務委員會主席卡斯特羅的賀電，而中共領導人習近平發去的賀電，卻被刊登在第二版的下半幅，讓外界頗感詫異。

這顯然不是《勞動新聞》的工作失誤，而是金正恩授意所為。

對於是否參加北京「九三」閱兵，金正恩也是出爾反爾，最終未能參與。而韓國時任女總統朴槿惠卻成為閱兵的座上賓，這讓金正恩很不悅。

也有消息說，這次去北京和上次去俄羅斯一樣，「金正恩第一次出國訪問，也許想在中國得到特殊待遇，但他意識到中國不能滿足他的需求。」所以，這兩次金正恩都沒有出行。

2011 年底，隨著金正日死亡，金正恩開始執掌朝鮮軍政，不過，登基近四年，一直未能與習近平主席會晤。而 2013 年上任的韓國總統朴槿惠則已經與習近平會面六次。據說，朝鮮認為北京對金正恩缺乏尊重，因此感到惱火：「朝鮮覺得中國把金正恩當小孩子看待。」

不過，無論朝鮮如何刻意貶低中國的重要性，北京依然是平

壤最主要的戰略盟友以及外交上的保護者。而朝鮮努力拉攏的俄羅斯，其所能夠提供的經濟援助規模依然與中國無法相比。外界評論說，金正恩對中共的態度搖擺不定，有時候不聽話，有時候又故意討好，顯示出這個年輕領導人的確在政治上缺乏成熟與穩重。

朝鮮主動要求江派劉雲山訪朝

朝鮮拒絕了李源潮的訪問。但三天後的 10 月 4 日，新華網報導說，中共中央對外聯絡部新聞發言人當天在北京宣布，應朝鮮勞動黨中央委員會邀請，中共中央政治局常委、中央書記處書記劉雲山將於 10 月 9 日起率團出席朝鮮勞動黨成立 70 周年活動，並對朝鮮進行訪問。

劉雲山是前黨魁江澤民集團對抗習近平陣營的前台人物。劉雲山作為一個中專生，先成為普通編輯、記者，最後能成為中共中央政治局常委，就是靠討好江澤民、積極追隨江澤民集團殘酷迫害法輪功而發跡的。劉雲山是江澤民掌控中共宣傳系統的代表人物。

長期以來，朝鮮金氏政權一直受中共江派操控，江派要員周永康、曾慶紅、張德江等與朝鮮高層密切互動，與金氏政權關係非同一般。

江派與朝鮮關係非常密切

江派前常委周永康曾多次與朝鮮高層會晤。在參加勞動黨創建 65 周年活動前，周永康 10 月 9 日在平壤會見了朝鮮勞動黨中央政治局常委、最高人民會議常任委員會委員長金永南。

另外，周永康還曾在北京會見朝鮮勞動黨中央政治局委員、國防委員會委員、人民保安部部長李明洙；在人民大會堂會見朝鮮勞動黨政治局候補委員、中央書記太宗秀等。

英國《星期日泰晤士報》報導，周永康是北京與金氏父子維繫關係的橋梁。此前有報導說，朝鮮是薄周政變失敗後周永康的退路之一。

江澤民的「軍師」曾慶紅也曾與金正日打得火熱。2001年3月，曾慶紅為江出訪打前哨戰前往朝鮮時，受到金正日的「熱烈歡迎」，朝鮮後來還特意發行了曾慶紅與金正日在一起的小型郵票。

在中共十八大常委中，有兩個江派常委張德江和張高麗曾留學朝鮮，以至於有人戲稱：哈佛大學敗給了金日成大學。張德江1978年8月到1980年8月在朝鮮留學。張德江主導了多個對朝傾向性政策，坊間早有說法稱張德江是「金正日在中國的代理人」。

2011年7月12日，朝鮮最高領導人金正日和第三子金正恩一起接見了到訪的中共政治局委員、副總理張德江，當晚還設宴款待代表團。而同樣以政治局委員、中組部長身份訪問朝鮮的李源潮並沒有獲得金正日的會見。

與張德江畢業於金日成綜合大學經濟系不同的是，張高麗只是在該大學短期受訓，但張高麗在官方履歷中隱瞞了這段履歷。經濟學者何清漣在推特爆料：張高麗的簡歷上現在只寫廈門大學學歷，不寫他在金日成大學的短期受訓（相當於二年制研究生學歷）。這一點，當時在深圳可是作為坊間笑談，認為是其保守的由來。

十八大前，天津薊縣一場大火讓掩蓋災情的張高麗更加臭名遠揚，其名中的高麗二字也成為民眾調侃的話題：張高麗與「高麗人」有關聯（高麗人通常指朝鮮族人）。

第二節

習近平改變了對朝政策

自從習近平上台後改變了對朝鮮半島的策略，冷淡朝鮮，而與韓國多次往來。圖為 2014 年 APEC 會議上，時任韓國總統朴槿惠（左）與習近平握手。（AFP）

習近平改變對朝鮮半島策略

　　自從習近平上台後，中朝關係明顯「由熱轉冷」。習一改「朝鮮優於韓國」的中共慣例，從 2012 年上任以來，至今四年多過去了也沒有出訪朝鮮，而金正恩在 2012 年掌權後，多次提出要到中國訪問，都被習「擋在了門外」。相反，習近平與韓國時任女總統朴槿惠多次往來，甚至「九三」天安門閱兵時，朴槿惠坐在了主席台上。

　　2015 年 10 月 1 日中共所謂「國慶節」，金正恩向中共領導人致賀電，整個電文僅僅 90 多個字，也沒有提到中朝「鮮血凝成的友誼」；而更早之前習近平向金正恩發出賀電，祝賀朝鮮建國 67 周年，朝方將中方賀電登在《勞動新聞》第二版，俄羅斯和古巴等國領導人的賀電則登在頭版。

2015 年 8 月朝鮮半島局勢風雲突變，戰事一觸即發，中國促請雙方保持克制，朝鮮外務省居然表示：「數十年來，我們一直保持克制。到了現在，誰的『克制』老調再也無助於控制局勢。」平壤竟要求北京閉嘴，這在以往是難以想像的，也從側面折射出當前的中朝關係是何等不堪。

有評論稱，習上台後調整對朝政策，開始中朝去血盟化措施，轉而力推兩國關係的正常化，以及對韓國關係的重點傾斜，力爭在朝鮮半島事務上不再一味的偏袒朝鮮。

據外媒報導，中共每年單方面對朝鮮的援助高達 60 億美元，但中方提供給朝鮮的糧食援助大多被金家王朝變成了軍餉，至今很多朝鮮百姓還吃不飽飯、穿不上保暖的衣服，日用生活品急缺。

金正恩上台以來，已兩次違背國際規定，搞了兩次核武試驗。這令中朝關係更加緊張，因為對於北京而言，朝鮮核試場距離中國不過百公里，一旦發生核洩漏或者爆發核戰爭，中國都是直接的受害者，東北和華北上百萬公里將受到污染。另外，擁有核武的金家王朝，在外交上將更加率性，更加難以捉摸和制約。

故而在促使平壤棄核問題上，中國與美日韓有共同利益。中國參與聯合國對平壤經濟制裁，減少對平壤電力與能源供應，就是為了斷絕朝鮮進行核武持續研究的經濟支援與電力。不過從目前情況看，這個策略顯然沒有奏效，平壤「寧要核子，不要褲子」的決心很大。

牡丹峰樂團演出終止有內幕

2015 年 12 月 12 日，原本計畫在北京演出兩天的朝鮮牡丹峰

原定 2015 年 12 月 12 日至 14 日在北京表演的朝鮮「牡丹峰樂團」突然被取消，引發外界關注。（Getty Images）

樂團突然停止演出，不知是朝方罷演，還是中方停演，一時間輿論鬧得沸沸揚揚。

後來人們發現，12 月 10 日金正恩宣布朝鮮擁有氫彈，假如牡丹峰能在北京上演，那外界會認為北京支持平壤搞氫彈。於是，12 月 12 日演出被終止。同一天，惱羞成怒的金正恩宣布具體進行氫彈實驗的時間。

據說，此前中共政治局常委劉雲山到平壤時，曾和金正恩達成協議，邀請朝鮮這個演出團隊到北京大劇院演出。朝鮮邀請高級別的中共官員到場，被中方拒絕。特別是金正恩 12 月 10 日在該團到達北京時發出「氫彈」論，令劉雲山簽下的脆弱的協議很快破裂。

此前有媒體說，中聯部長宋濤和老部長、現政協副主席王家瑞，以及朝鮮駐華大使池在龍，曾到該團下榻的民族飯店協商無效，罷演成定局。不過目前看來，更多的可能是中方主動下令停止演出。

可以說，牡丹峰事件實際上是中朝核武問題交鋒的繼續。在牡丹峰樂團回國當天金正恩決定進行氫彈試驗，則是還中國以顏色。

朝鮮核試 習推遲與朝改善關係時間

2016年1月6日上午，韓國氣象廳報導朝鮮發生「人工」地震；中國地震網也公布，測定上午9時30分在朝鮮發生規模5.1地震，震源在地面上。6日中午，朝鮮官方電視台宣布：「在勞動黨第一書記金正恩的指示下，成功進行了首次氫彈爆炸試驗。」

播送這一重磅消息的是年過七旬的朝鮮王牌主播李春姬。中共《環球時報》以《七旬李春姬播發氫彈試爆消息，聲音可讓敵人肝膽俱裂》為題，稱讚李春姬在誦念新聞稿時「語氣鏗鏘」。

李春姬從1971年2月以來已經擔任了39年播音員，曾榮獲朝鮮播音員最高榮譽「努力英雄」稱號。被江派控制的《環球時報》，竟然不顧中國民眾的憤怒，讚美李春姬「鏗鏘有力」的聲音能讓網友「提振精神」，「只有她的氣勢，才能播報這樣的重磅消息」。

大陸網友們對此新聞義憤填膺，很多人嘲諷說：「我們聽這個新聞，不是肝膽俱裂，而是噁心想吐。明白了什麼叫歇斯底里。」「敵人是不是肝膽俱裂不知道，倒是把咱們延邊學生嚇得鳥獸盡散。」

「黨媽花費十多萬人的生命和數十億的錢財，買了個超級炸藥包放在了自家門口，重要的是炸藥包的引線套在瘋子狂人金三胖的手裡。」「這是黨國養虎為患，引火燒身，搬起石頭砸自己的腳的必然結果。」

據中國外交顧問、中國人民大學教授時殷弘透露，聽聞朝鮮氫彈爆炸成功，「習近平非常憤怒，將會推遲與朝鮮改善關係的時間。」1月6日，中共外交部發言人華春瑩表示，這次朝鮮進

行核實驗，中方事先一無所知。

此次氫彈試驗是朝鮮第四次進行核試驗，也是金正恩執政後的第二次。2006年、2009年、2013年進行的三次核試驗，在試驗的一兩天前，朝鮮都和中美兩國打過招呼，但朝方本次並未向中國和美國提前通知核試計畫。

人們注意到，這次朝鮮引爆的是氫彈，而不是原子彈，這兩者的區別主要在裝料和殺傷力上。

原子彈屬「裂變彈」，主要靠放射性稀有金屬元素鈾235或鈽239的原子核分裂所產生的巨大能量進行殺傷和破壞，威力通常在幾百到幾萬噸級TNT當量之間。1945年美國在日本廣島和長崎投放原子彈，是人類歷史上第一次將核武器用於實戰。

氫彈是指利用特製的原子彈作為引爆裝置，點燃氘及氚等輕原子核的自持聚變反應，故而又稱「聚變彈」或熱核彈。氫彈的威力小則幾十萬噸TNT當量、大至幾千萬噸。由於其靈活性，戰術技術性能比原子彈更好，用途也更廣泛。

藉口發射衛星 金正恩搞導彈實驗

光有氫彈還不夠，因為得把氫彈發射到數千米或幾萬里外的敵人陣營，氫彈爆炸才能「殺敵」。

就在2016年1月6日核爆之後僅僅幾周，朝鮮在2月7日周日再次發射了一艘載有所謂「衛星」的遠程火箭，但這個所謂的衛星根本不能接受和發射任何信號。國際社會同聲譴責朝鮮此次發射是一個導彈試驗，徹底挑釁了聯合國的制裁。

路透社報導，火箭在漢城時間早上9時30分升空，軌跡向南。

美國戰略司令部表示探測到一枚導彈進入太空；韓國軍隊說這艘火箭已經將一個物體放入軌道。隨後朝鮮宣稱其「光明星 4 號」衛星發射「完全成功」。朝鮮曾在 2012 年宣稱發射一枚所謂的通訊衛星進入軌道，但是外界沒有探測到任何信號。

有了氫彈和導彈火箭，金正恩叫囂要進一步擴大導彈的射程，使之能直接發射到美國本土去搞爆炸。美國朝野上下為之一動，美國參議院、眾議院一致通過決議，要嚴厲制裁那些對朝鮮提供各類物資的商家和個人，中國工廠也在其中。

中國外交部在反對美國到韓國布署「薩德」反導彈系統的同時，明確表示了要讓違背安理會決議的朝鮮「付出必要的代價」。

鳳凰衛視：美打朝鮮我打台灣

就在國際社會和海內外一直譴責朝鮮時，由江派控制的中共宣傳機構卻發出了不同聲音。

2016 年 2 月 15 日，被稱為「第二央視」的香港鳳凰衛視引述中共某亞太問題女專家于迎麗的話稱：「如果美國在走軍事道路的方向上一意孤行的話，完全可以考慮把台灣問題跟朝核問題聯繫起來。如果美國用軍事手段來解決朝核問題，那麼我們在台灣問題上不排除用武力手段。」該報導一播出，震驚各界，大陸網民紛紛強烈譴責。

大陸資深媒體人朴抱一表示：「美國人教訓村裡流氓，你就打自己兄弟？這是什麼邏輯？沒有臭雞蛋和飛來的皮鞋，政治就缺乏嚴肅性。」遼寧律師于洋評論說：「時近夜半，心中仍憤怒不已！大陸對台不放棄使用武力是針對台獨，和美國打不打朝鮮

有什麼關係？而于迎麗公然主張以同胞相殘的方式來保衛老金家對朝鮮人民的殘暴統治，是何居心？」

清華大學教授孫立平認為：「一個研究國際政治的人怎麼會說出如此的話來？我想，最根本的是多少年來形成的意識形態的思維方式。這種思維方式是首先在意識形態上分敵我，不但罔顧最基本的道義與是非，甚至不能理性判斷真正的國家利益與世界局勢。」

由於民眾強烈反對，據中國數字時代新聞網站報導，中共趕緊下達刪除密令：「關於鳳凰衛視《于迎麗：美國威脅軍事打擊朝鮮是對華施壓》視頻內容，各網站不要繼續轉載。」然而深究下去，人們發現，「江綿恆是海外 CCTV 鳳凰衛視策略股東」。

鳳凰衛視雖然位於香港，但其主要收視對象不在香港，而在大陸；該台的節目在香港也普遍不受關注，所持的也只是「非本地電視節目服務牌照」。雖然鳳凰衛視經常以「香港鳳凰衛視」自居，但從其節目內容和觀點來看，百姓稱之為中共央視在海外的分台、海外 CCTV 或央視第二。鳳凰衛視中文台和鳳凰衛視信息台的許多新聞用詞均為典型的大陸習慣用詞，而非港澳台慣用的詞彙，例如中國大陸稱「朝鮮」，港澳台則稱「北韓」，而鳳凰衛視稱為朝鮮。

媒體業人士更指出，鳳凰衛視不但有中共軍方特務劉長樂在實際操控，江澤民長子江綿恆還是其策略股東。從江習鬥這個角度看，就在習近平過完年要準備動手抓捕江澤民、曾慶紅之時，鳳凰衛視故意把朝鮮和台灣問題捆綁在一起攪渾水，也就不奇怪了。

第三節

金正恩處決高官引眾怒

參謀長李永吉被金正恩突然處死

就在金正恩發射遠程火箭引起國際社會一片譴責之時，2016 年 2 月 10 日又傳出朝鮮總參謀長李永吉已被處決的消息。據韓聯社報導，朝鮮總參謀長李永吉被以貪污等罪名在 2 月已遭處決。這是繼 2015 年朝鮮軍方二號人物玄永哲遭處決後又一朝鮮高級將領被處決。

李永吉為朝鮮軍總參謀長、陸軍大將，曾擔任駐屯江原道前方部隊第五軍團司令，2013 年初被任命為總參謀部作戰局局長，同年 8 月接替金格植出任朝鮮軍總參謀長。此後李永吉在多次公開活動上佩戴大將軍銜肩章，且媒體報導其排名在人民武力部部長張正哲之前。

兩天後的 2 月 12 日，日本《產經新聞》發表了一篇社論《朝

鮮軍隊高層再遭清洗 入伍士兵營養不良身高僅為 1 米 38》。文中指，李永吉被處死，從一個側面體現出朝鮮金正恩政權已是「風聲鶴唳」，該政權隨時出現異變的危機已越發加深。

社論還稱，朝鮮軍隊中的前線士兵大部分都經歷了 90 年代的 200 萬人大饑荒，普遍認為，這一代人對金正恩政權的忠誠度最為低下。大饑荒之後，朝鮮軍役制度放鬆，入伍士兵的年齡與身高等進一步放寬，身高 1 米 38、體重 43 公斤以上即可入伍。再加上燃料、供給不足等，朝鮮軍隊戰鬥力在弱化。

金正恩頻繁進行處決行動，導致軍隊中的不滿聲音越來越擴大，強權下前線士兵的士氣低下。金正恩對軍隊的統治強化已進入負面，朝鮮軍力在退化中，最終將是一支不能戰鬥的軍隊。

美籍華裔律師章家敦 2 月 11 日在美國每日野獸網站發表了題為《朝鮮的軍官或反抗金正恩》的評論文章。文章稱，金正恩處決高級軍官成性，可能會樹立一些非常有權勢的敵人，這恰恰表明朝鮮政權的高層局勢非常不穩定。

金正恩處決 70 名高官 理由荒誕不經

據韓國媒體報導，自金正恩掌權以來，朝鮮共處決了包括金正恩姑丈張成澤在內的近 70 名高官，處決的理由五花八門。

《朝日新聞》2 月 11 日報導，朝鮮總參謀長李永吉 2 月初被處決，理由竟然是「對金正恩的忠誠度不到100%」。也有消息稱，金正恩懷疑李永吉「搞小圈子」和「濫用權力」，已威脅自身權力。

李永吉在金正日時代就以具有領導才能而備受重視，2015 年 10 月 10 日，朝鮮軍民在慶祝建黨 70 周年舉行盛大閱兵式之際，

李永吉還在平壤金日成廣場對各受閱方陣進行了檢閱,並向金正恩報告閱兵式準備開始。然而四個月後,李永吉就被金正恩害死了。

有人總結了金正恩處置高官們五花八門的處決方式和理由:

2015 年 5 月,朝鮮內閣副總理崔英健被槍決,罪名是沒有取得工作成果。2015 年 4 月 30 日,朝鮮人民武力部長玄永哲以叛國罪被處決,因其不僅和金正恩頂嘴,還在朝軍活動上打盹,被指「不忠」。

2013 年 12 月 12 日,金正恩姑父、前朝鮮國防委員會副委員長、朝鮮勞動黨中央行政部部長張成澤被判處死刑,理由是從事顛覆國家陰謀活動。2010 年 3 月 18 日,朝鮮經濟總指揮勞動黨計畫財政部部長朴南基以叛國罪被槍決,罪名是「作為大地主的兒子,潛入革命隊伍,蓄意置國家經濟於死地」。

五方力量都想除掉金正恩

有評論稱,李永吉等將領高官們被隨意處決,顯示金正恩的恐怖統治已經走向無視一切的極限。中國人說「物極必反」,這也預示在推翻金正恩的洪大潮流中,朝鮮內部高官的轉向也是一個重要力量之一。

也就是說,除了首爾、華盛頓、北京和東京想除掉金正恩之外,平壤也有人想處之而後快。

「天欲滅之,必先狂之」。一個遭人人唾棄的瘋子,離其滅亡之日也就不遠了。

第八章

國際斬首行動
嚇怕金正恩

朝鮮國民對金正恩集權統治和血腥殺戮的不滿一觸即發、國際社會制裁的力度加大，朝鮮局勢緊張。金正恩為防遭暗殺及出於對國際「斬首行動」的恐懼，與其妻女躲入位於地下270米處、有長達數十公里緊急逃亡通道的官邸中。

金正恩唯恐遭暗殺或被美國遠程轟炸機實施「斬首行動」，傳與妻小躲入平壤市中心的金正恩官邸，該官邸位於地下270米處。（Getty Images）

第一節

真假金正恩之謎

2015 年 5 月，金正恩取消訪俄的第一個內幕是，朝鮮存在真假兩個金正恩。左圖為金正恩，右圖疑似「金正恩」替身。（AFP）

2015 年 1 月 7 日 CNN 報導，索尼公司出品的電影《刺殺金正恩》（The Interview），雖然出現駭客攻擊和取消放映等風波，但面世不到兩周，就被全球觀眾從網上觀看或下載了 430 萬次，加上院線 500 萬美元票房，共計收入約 3100 萬美元，超過了索尼的預期。

這部由「索尼動畫」（Sony Pictures）出品的好萊塢喜劇片，虛構了一個故事：由羅根（Seth Rogen）和弗蘭科（James Franco）扮演的兩名脫口秀主持人，將前往平壤會見「粉絲」金正恩，行前受到美國中情局 CIA 徵召，結果採訪變刺殺。

2014 年 10 月初，金正恩一個多月沒露面，外界紛傳他病重或被刺身亡，當時索尼還打算提前上映。當時就有網民調侃說，金正恩失蹤是給影片的最佳造勢，「再不上映，就要成紀錄片

了」。也是那個時候，朝鮮官方首次公開宣稱，電影《刺殺金正恩》一旦發行，朝鮮將對美國和其他相關者進行「無情的報復」。

2014 年 11 月 24 日，索尼的網路被駭客攻破，攻擊持續了三周，造成索尼損失慘重。12 月 16 日，駭客又威脅美國觀眾不要觀看該片，否則會遭到恐怖襲擊。為此索尼一度取消其原定聖誕節首映的計畫，後因受到輿論批評及美國總統奧巴馬的啟發，決定改變主意，如期上映。

奧巴馬批評說，駭客的攻擊是美國的言論自由受到威脅，他聲言考慮是否加強對朝鮮制裁，或將朝鮮再次列入支持恐怖主義國家的黑名單。他還表示，朝鮮需對索尼毀滅性網路駭客行為負責。2015 新年後不久，朝鮮出現互聯網中斷現象。

到了 2015 年 5 月，金正恩突然取消訪問俄羅斯，不去參加俄羅斯衛國戰爭 70 周年慶典。

俄方給出的理由有兩點：一是金正恩根據國內事務做出的決定，二是俄方不能滿足朝鮮要求給予金正恩國家元首的特殊待遇。不過外界分析說，從朝鮮面臨孤立、與中國關係越來越惡化、急需石油和其他援助的這些背景來看，金正恩有訪問俄國的強烈需求和動機，而他不去，必有難言之隱。

人們猜測那時金正恩生病了，而出來露面的是他的替身、假的金正恩。據說，為了安全，金正恩有很多替身，真真假假令外界難以判斷真的金正恩住在哪裡。

人們發現，金正恩自 2014 年長時間隱身再露面後，就完全變成另外一個人，不論是容貌、聲音和氣質，三方面都有了本質的不同。

首先來看他的容貌。真正的金正恩，他的下巴實際上是削進

去的，這是他祖傳的因素；而假替身的下巴有點往外突，這是一個區別。再有一個區別是，真正的金正恩下巴往裡削，所以他的嘴有一點往外突；而假的金正恩嘴巴跟下巴是平的。

另外，也有許多報導說，兩者之間耳朵形狀有很大的不同。這是很難用整形來改變的。

至於聲音部分，眾所周知，金正恩出現的地方都是基層、工廠這些基層單位，而在一些重要的會議上，需要他講話、發言、主持時，他卻缺席了。這是怕他講話，因為聲音是很難改變的，整形改變不了聲音。另外還有一重意義，就是控制他的軍方人員，認為這種方式可以向朝鮮民眾暗示金正恩已經失權了，這是一箭雙雕。

另外，氣質更重要。因為一個人的容貌可以改變，但很難改變一個人的氣質。原來的金正恩就是一個盛氣凌人、霸氣外露的獨裁者形象，這是從他金家王朝那種獨裁政權的體系中繼承下來的。而今的金正恩卻是一個到處傻笑，像個小潑皮一樣的形象。這兩者在本質上不同。

第二節

金正恩逃亡路線曝光

聯合國通過嚴厲制裁朝鮮

針對朝鮮 2016 年 1 月進行核試，聯合國安理會 2016 年 3 月 2 日通過對朝鮮祭出歷來最嚴厲的制裁措施，決議重點包括強制檢查所有進出朝鮮的貨物，禁止朝鮮出口煤、鐵、鈦金屬等礦產；禁止向朝鮮供應航空燃油；禁止向朝鮮出售各種大小型武器；將涉及參與朝鮮核計畫及飛彈開發的 16 人與朝鮮太空署在內的 12 家機構列入黑名單；金正恩喜歡的鐘錶、遊艇及水晶等被列為禁向朝鮮出口的奢侈品；凍結與朝鮮飛彈發展項目有關的資產；禁止向朝鮮出售各種大型或小型武器等。

就在安理會決議前，韓國外交部長官尹炳世在瑞士日內瓦舉行的聯合國裁軍談判會議高層會議上表示，對屢次違反聯合國安理會決議和國際規範的「慣犯」朝鮮，安理會發布最嚴厲非軍事

類制裁決議並不意外。

不過，就在中共外長王毅2月下旬訪美時，朝鮮2016年2月23日首次發表軍隊最高司令部「重大聲明」。聲明稱，美國和韓國通過針對朝鮮最高首腦的「斬首行動」，以達「搞垮體制」之目的。

「斬首行動」是指為阻止朝鮮「使用」核武及戰略火箭，事先「除掉」「命令權者」的先發制人打擊。美國陸軍第一特種部隊和第75特工團、海軍陸戰隊特工團、空軍第720特種戰術部隊及海軍特種部隊「海豹」分隊等諸多特戰兵力已被實戰布署，其作戰任務是戰時打擊朝鮮最高領導機構、核設施與戰略火箭軍基地等重要戰略目標。

聲明表示，一旦參加所謂「斬首行動」和「鑷子式打擊」的美韓特戰兵力和作戰裝備有絲毫的動靜，即有可能對美韓等國發動先發打擊。該重大聲明依舊由朝鮮招牌女主播李春姬播出。

韓聯社稱，朝鮮軍隊最高司令部司令是金正恩（Kim Jong-un），因此這份以軍隊最高司令部名義發出的「重大聲明」耐人尋味，這是朝鮮軍向韓美發出的「戰爭警告令」。韓國政府消息人士表示，這似乎是朝鮮準備宣布進入戰時準備狀態。

2月初，朝鮮無視國際社會一再警告，繼1月進行氫彈試爆後又發射遠程火箭。朝鮮系列動作遭到全球譴責，首爾、華盛頓和其他國家努力推動對平壤處以嚴厲制裁。韓國時任總統朴槿惠2月16日警告，如果朝鮮不放棄核武項目，朝鮮將面臨崩潰。

外界關注，此前，美日韓三國都已分別啟動了對朝鮮實施制裁的單邊措施，一旦北京的制裁措施正式生效，金正恩將面臨雪上加霜的困境。

中共軍報：一小時可毀美韓薩德

不過，此前中共鷹派卻在軍報上發表了一番幫助朝鮮抵制美韓聯軍的言論。文章說，如果朝鮮半島事態激化，韓國的薩德導彈系統將成為中共軍隊首輪打擊的重點目標。

「薩德」反導彈系統是美國新的導彈防禦計畫最重要組成部分，是一種機動式的戰區高空彈道導彈防禦系統，被稱為戰區高空「超級盾牌」。

中國強烈反對韓國布署薩德系統的原因是，該系統配備的 TPY-2 火控雷達，對助推段起飛的導彈探測距離超過 2000 公里，能夠覆蓋中國華北和華東以西內陸大部分地區，甚至可遠達新疆烏魯木齊。

中共《解放軍報》2 月 18 日報導了空軍轟炸機訓練的新聞。報導稱：「35 小時內，20 架轟炸機組成的大機群連續穿越四個戰區、起降六個機場，奔襲近萬公里，超低空飛行上千公里。」報導特別提到，中共軍隊轟炸機可在十幾分鐘甚至幾分鐘內，完成傳統手段需要數小時的航線規劃和任務整備。而該 20 架轟炸機可在首輪火力突擊中密集發射 400 枚以上的巡航導彈，完全可以在薩德導彈系統再次機動布署前將其摧毀。

報導稱，強國的優勢就是在系統對抗中，針對敵方某個突出的武器系統，能選擇多種打擊手段來反制。中國對待韓國和日本的薩德導彈也一樣，開戰一小時內就是它們的死期。

金正恩安排後事 亡命途徑曝光

在中美達成制裁朝鮮新協議的前一天、2016 年 2 月 22 日，據《每日日本》報導，朝鮮在 16 日「光明星節」（已故領導人金正日冥誕）前後，在全國範圍內實施了特別警戒。不過，在朝鮮國民中，流傳著金正恩躲到朝鮮咸鏡北道鏡城郡地區「行宮」的傳聞。

據說，在這所特別的「行宮」中，建有可容小型飛機著陸的機場，有完備的提供金正恩在政權垮台時亡命國外的洞穴，而且線路複雜，從「行宮」出發可以直通到中國境內。

《每日日本》報導，由於金正恩政權的集權統治和血腥殺戮，朝鮮國民對金正恩的不滿一觸即發，針對金正恩的特別「行宮」，國民中不斷發出「南北戰爭一旦爆發，人民只能徒步逃命，而最高領導人卻可從這裡乘飛機出逃。最高領導人想的只是自己活命，而並未顧及他的國民」不滿聲音。

朝鮮政府針對這種傳言，國家安全保衛部（祕密警察）已開始著實進行全面查找傳言的源頭。

據報，朝鮮在金日成及金正日時代，為最高領導人建造了度假用的豪華別墅，這種腐敗行為已造成國民的不滿；而現任領導人金正恩上台後又動用大量凝聚國民血汗的經費，在接近中朝邊境地區大興土木，建造了大量供其在未來戰爭爆發時逃跑用的要塞設施，更添加了國民由於南北對立造成的不安，並導致對政權不滿進一步升級。

大陸論壇：為什麼朝鮮將軍不造反？

2 月 20 日，大陸凱迪社區的貓眼看人，有網友發帖說：「金正恩掌權五年，把當初擁戴他的六名輔政大臣殺了個乾乾淨淨。近幾年更是大開殺戒，把國防部長殺了一個又一個。很多網友納悶：這些手握兵權的軍頭為何會乖乖的束手就擒，而不是像曹操、董卓那樣帶兵反叛呢？」

其實，網友們不了解朝鮮的軍事建制。在長期的宣傳洗腦下，國防委員長是最高軍事統帥，掌握全國生殺予奪大權。其他國防部長也好，總參謀長也好，雖然有軍銜，也有兵權，卻手裡無兵；而手握軍隊的小軍頭們，卻無權調動軍隊。軍隊的每一舉一動，都在嚴密的監視當中。例如北宋的建制，「將不識兵，兵不識將」。這樣的軍隊雖然結構穩定，不容易造反，但是戰鬥力卻極其差勁。一旦外敵入侵，很可能就做鳥獸散。

聯合國人權調查員建議起訴金正恩

據《紐約時報》報導，2 月 15 日，日內瓦聯合國一名人權調查員發布長達 13 頁的報告稱，該組織應該正式通知朝鮮最高領導人金正恩及其下屬可能面臨著一些嚴重罪行的審判。這名調查員還建議組建專家小組以確定起訴他們的方法。

報導稱，這名調查員是負責監察朝鮮事態發展的特別報告員達魯斯曼（Marzuki Darusman）。他在報告中表示，自從兩年前一個調查委員會認為朝鮮領導人犯下了廣泛的反人類罪以來，該國的人權狀況「沒有切實改善」。這些反人類罪行包括根絕、謀

殺、酷刑、奴役，以及種族、宗教和性別迫害。

　　報告認為，眼下最緊迫的挑戰是，確定用哪些方法可以最有效地追究作惡者的責任。這份報告將由達魯斯曼於 3 月在日內瓦提交人權理事會。

　　調查委員會敦促安理會（Security Council）將朝鮮問題提交國際刑事法庭。達魯斯曼作為委員會成員，重申了這個建議，他表示，聯合國大會也可以組建一個法庭，起訴國際法不允許赦免的罪行。

第三節

高級特務叛逃
金正恩躲入地下 270 米

　　據日本《現代商務》2016 年 4 月 7 日報導稱，有原朝鮮人民軍的逃亡者向外界披露，一直飛揚跋扈、以強硬形象示人的朝鮮最高領導人金正恩，內心其實非常虛弱，他的實際狀態和朝鮮官方媒體報導中的形象判若兩人。

　　報導說，朝鮮目前國內政局非常不穩，雖然此前軍方的未遂政變被瓦解，但因擔心再度遭到暗殺，以及出於對美國遠程轟炸機實施「斬首行動」的恐懼，金正恩和他的妻子李雪主及兩個女兒，目前已躲入平壤市中心的金正恩官邸。該官邸位於地下 270 米處的「地下司令部」內，有長達數十公里的緊急逃亡通道。

　　消息人士披露，該地下司令部與官邸有電梯連接，可以來去方便。這個「地下宮殿可供約 30 人生活，裡面儲備足供食用的糧食，還配備床鋪和電視等生活用品。這裡雖然離地面很遠，但

可以收看及收聽到 CNN 及 NHK 等世界主要媒體的新聞。每天，朝鮮軍方總政治局長黃炳誓等為數不多的、有資格進入該處的高級官員，通過電梯下到此處，向金正恩進行例行的每日報告。

消息並指，該官邸與外界完全隔絕，一旦出現緊急情況時，金正恩一家可以馬上乘坐汽車從裡面的地下通道通往 80 公里外的港口城市南浦，然後再從南浦逃亡國外。現在，極度恐懼的金正恩每每在公開場合出現或者進行各種視察活動時，其警戒程度都非常嚴格。

據稱，金正恩現在外出視察，會動用千人規模的護衛人員隨行；而金正恩對警衛軍人的篩選同樣非常嚴格，在他出行一個月內患上感冒的軍人都被禁止隨行。在其出行時的飲食管理上，保衛部門也是煞費苦心，調配專用廚師在金正恩到達地點附近的專用招待所待命，等他一到達，廚師即使用早已在平壤經過檢驗的食材烹飪食品。消息人士表示，金正恩絕對不會食用招待所以外的飯食。

隨著國際社會制裁力度加大，朝鮮內部因不滿而爆發政變的可能性也在不斷增高。據英國《每日郵報》報導，4 月 5 日，韓國國防部長韓民求（Han Min-goo）名下一個假的推特帳戶中突然出現金正恩死亡的消息，推文說：「緊急。來自韓國軍隊的未證實的消息，朝鮮領導人金正恩被殺死或者受傷嚴重。沒有具體細節。」

雖然這個消息真假難辨，並且很多人都對此提出質疑，但這個傳言剛好出現在朝鮮半島極為敏感的時期，還是引起很多媒體關注。觀察人士認為，這至少反映了金正恩目前面臨內外交困的處境。

過去朝鮮曾發生過由軍隊主導的暗殺金正恩未遂事件。第一次是在 2012 年秋天，朝鮮人民軍一部曾發起暗殺行動，最終失敗。從那時起，金正恩的私人保鏢猛增至 100 人以上。

第二次則發生在 2013 年 4 月下旬，當時金正恩乘坐專車在平壤行進時，突遭一輛攜帶炸彈的軍車襲擊。據說一名女性交通警察制止了這輛軍車，金正恩才得以僥倖撿回性命。事後，朝鮮國防部長金格植和副國防部長玄哲海均因此被革職。

叛逃不斷 朝鮮一高級軍官投奔韓國

韓國官媒韓聯社報導了朝鮮偵察總局一名高級軍官 2015 年投奔韓國的消息，韓國國防部發言人文尚均 2016 年 4 月 11 日在記者會上證實確有其事，但不便透露詳情。統一部發言人鄭俊熙也在記者會上證實了這一消息。該名軍官在朝鮮負責對韓特務工作。

韓聯社引述熟悉朝鮮內情的消息人士說，這名大校是行伍出身的脫北者中軍銜最高的一位，他詳細披露了朝鮮偵察總局對韓特務工作的內情。偵察總局大校的職務級別，相當於朝鮮人民軍普通部隊的二星中將。

朝鮮偵察總局編制上屬於總參謀部，但可向朝鮮最高領導人金正恩直接報告，是朝鮮軍方的要害部門。朝鮮於 2009 年 2 月將人民武裝力量部偵察局、隸屬勞動黨的作戰部和 35 號室，合併為統一領導對韓對外特務工作的偵察總局，任命軍部鷹派金英哲為局長。金英哲頂替死於車禍的金養建升任黨中央書記兼統戰部長後，偵察總局長一職空缺至今。

據報導，近來朝鮮外交官、創匯人員等精英階層紛紛棄朝投

韓，金正恩統治根基有動搖跡象。有韓國官員說：「可以看出，隨著經濟狀況惡化，出現了朝鮮居民的不安和不滿變成社會動搖因素的現象。」

儘管金正恩上台後加強邊境管制，逃離朝鮮的脫北者總數減少，但精英階層的「棄船」現象有增無減，朝鮮外交官投奔韓國的例子層出不窮。

據另一消息人士透露，朝鮮駐非洲某國一名外交官因擔心政治清洗等，2015 年 5 月攜帶家人投奔韓國。2014 年也有一名駐東南亞某國的朝鮮外交官投誠韓國。

韓國統一部發言人鄭俊熙 2016 年 4 月 8 日在記者會上表示，朝鮮一家駐外餐廳的一名男經理和 12 名女員工集體投奔韓國，此 13 人已於 7 日抵達首爾。

韓國情報人員透露，集體叛逃的中國寧波朝鮮餐廳「柳京」13 名服務員，原在吉林省延吉的朝鮮餐廳工作，數月前才調到寧波。其中男經理 30 多歲，12 名女店員介於 22 至 25 歲間，叛逃原因竟與韓劇息息相關。

其中一名店員 A 對脫北契機陳述說，最近隨著國際社會對朝鮮制裁日益嚴重，認為朝鮮體制再也沒有希望，所以朝著有希望的首爾逃離。其他店員們也表示：「通過媒體接觸到了和朝鮮不同的世界，開始憧憬韓國，希望去韓國。」

此次投奔韓國的朝鮮員工是朝鮮創匯人員。統一部該名官員還表示，這些人是所謂出身良好、屬於中上層階層，因此估計此次事件在朝鮮內部也會產生不小的影響。

據《蘋果日報》稱，叛逃者描述：「在海外滯留時看到韓國電視和電視劇，產生想作為韓國國民生活的渴望。」「通過媒體

接觸到了和朝鮮不同的世界，開始憧憬自由，擺脫朝鮮的紀律，模仿資本主義生活。」

這 13 人 4 月初陸續離開中國，先搭機自寧波飛往泰國曼谷，隨後走陸路，自曼谷前往老撾首都永珍，最後再自永珍搭機赴韓國，過程中偽裝為韓國遊客，前後僅用二至三天便完成脫北。

匿名消息透露，由於「在第三國等待歸順（韓國）的脫北者還有三至五人」，認為韓國政府對脫北者訊息的披露操之過急。

有資料顯示，目前朝鮮在境外經營 130 多家餐廳，其中在中國有 100 多家，其餘分布於柬埔寨、越南、泰國等。

中方回應：13 人合法出境

此次集體叛逃者搭機「高速脫北」，且使用朝鮮護照離開中國，與過往中國境內脫北者多採陸路偷渡至東南亞後輾轉進入韓國的路徑不同。匿名中國消息透露，朝鮮事後向管轄寧波的浙江省當局抗議，中方以「我們沒有責任，只要擁有合法護照就可以去任何地方」反駁。中國外交部發言人陸慷 11 日在例行記者會上表示，這 13 人是「合法從中國出境」。他稱，中方公安部門接到一些在中國的朝鮮公民失蹤的報告，經查他們是於 6 日凌晨持有效護照正常出境。

第九章

金正男被毒殺
牽扯曾慶紅

一般咸認，刺殺金正男可能是金正恩政權釋放的信號：對北京支持聯合國制裁不悅，意欲拉開跟北京的距離。但從江派遭習解體反撲的動因與金正男的中方保鑣無故被撤而遭暗算的跡象，有可能是曾慶紅控制的中共特工教唆朝鮮特工所為。

2017 年 2 月 13 日，金正恩同父異母的哥哥金正男，在馬來西亞機場的出境大廳遭毒殺。（AFP）

第一節

金正男機場被毒殺

日本富士電視台獲取的機場監視器錄像，顯示了兩名女子毒殺金正男的瞬間，整個行動僅在三秒內完成。
（youtube 視頻截圖）

金正男馬來機場被秒殺

2017 年 2 月 13 日，就在朝鮮金正恩對日本海域發生導彈之後的第二天上午 9 時左右，與金正恩同父異母的哥哥金正男，來到馬來西亞機場的出境大廳。只見他走進大廳，在電子顯示屏前稍事停留看清登機口後，就朝自動檢票口專區走去。

這時，持印尼護照的 25 歲席蒂艾沙（Siti Aishah）上前同金正男搭訕，並朝他臉上噴東西，這時，緊跟其後一位持越南護照名叫段詩芳（Doan Thi Huong）的 29 歲女子，則趁機從金正男背後，用雙手搗住他的臉。施毒全過程僅 2.33 秒。之後，她們立即經電動扶梯下樓逃跑。

這是日本富士電視台從馬來西亞獨家獲取的機場監視器錄像，這兩女子毒殺金正男的整個行動，前後僅數秒時間。

金正男遇襲後，最先想衝到廁所沖洗，但由於臉部劇痛，他就轉身走下樓，向機場人員求救。求助時他表情十分痛苦，他用英語說：「好痛啊，我被人噴灑了液體。」隨後，便不斷地呻吟。機場人員隨即將他送往機場診所救治，卻在送醫時宣告死亡。

富士電視台說，段詩芳犯案時左手戴著手套，她被捕後供稱，犯案後，她到洗手間脫下了手套並洗手。

到底是什麼毒物，能在如此短的時間內置人於死地，卻不會毒害襲擊者及附近其他人？

美國佛羅里達大學毒物學家戈德伯格（Bruce Goldberger）推測，刺客使用的毒物可能是蓖麻毒素或神經毒氣，此外也有可能是強效的鴉片類複合物。

2月18日，馬來西亞中文媒體發表了一張金正男遇襲後到機場診療所求助的照片。該照片顯示，金正男當時癱坐在椅子，看上去沒有外傷，但雙眼緊閉，似乎已無意識。

據說，金正男在機場遭特工噴射不明液體後，求助於一名機場女客服人員，在這名客服人員的協助下，向機場駐守的警員求助。警員立即把他送到機場診所，當時金正男還處於清醒狀態，但表情非常痛苦。由於情況嚴重，診所將他轉送布城醫院，卻在送醫途中身亡。

金正男在馬來西亞被毒殺後，該國警方立即把11人列為通緝對象，其中並已拘捕四名嫌犯，除了段詩芳外，還包括一朝鮮男子、席蒂艾沙以及她的馬來西亞男友。另有七名嫌犯在逃，包括五名朝鮮人，警方隨後又抓捕了一名朝鮮人，正追捕另外四人。

金正男浪跡天涯 屢批金正恩

金正男生於 1970 年 6 月 10 日的平壤，是已故朝鮮勞動黨總書記金正日的庶長子，母親是已故影星成蕙琳。由於成蕙琳曾有另一段婚姻，並與金正日僅是同居關係，故不被祖父金日成認可，於是金正男也不能以公開的身份到學校讀書和出外活動。

之後他曾在莫斯科和日內瓦學習，能掌握流利英語、俄語、德語、法語，他也通中文及日文。據說張成澤的妻子、金正日的妹妹金敬姬曾照顧金正男。2001 年後，31 歲的金正男和他的姨媽（也就是成蕙琳的姐姐）成蕙琅住在歐洲。

2001 年 5 月 1 日至 4 日，金正男被發現持假的多明尼加護照入境日本，目的是攜妻子、兒女暢遊東京迪士尼樂園，後來被驅逐出境至中國。

此前 2000 年，金正男曾誇讚中國式改革開放，有人向金正日報告此事，金正男被指為「革命的叛徒」，同時受到繼母高英姬，也就是同父異母的兄弟金正恩的生母的排擠，遂離開朝鮮。

2007 年 1 月，日本讀賣新聞與韓國《朝鮮日報》分別報導了金正男有三任妻子，其中兩任妻兒都住在澳門相鄰的兩棟別墅內。原配妻子申正熙和兒子金錦率長居澳門路環竹灣豪園的 361 號，而第二任妻子張吉善與兒子則住在相鄰的 371 號，窗戶上掛有黃色向日葵標識，他的第三任妻子徐英羅也與其一起居住於澳門。

據說金正男在海外替父親出售假的美金，或販毒、洗錢等，晚上或到澳門的夜總會或賭場娛樂、購買名牌等，花費奢華。

2007 年秋美聯社發布消息稱，36 歲的金正男 6 月左右結束了在海外的生活返回平壤，並在朝鮮勞動黨組織指導部工作。

2009 年 1 月，金正男說他「沒興趣」接管朝鮮的領導權，宣稱這是自己做的決定。外界普遍認為是金正日不同意讓金正男繼位，並非金正男自己放棄。

2010 年 10 月金正日開始安排一系列行動讓幼子金正恩接位，與此同時在北京的金正男接受日本朝日新聞的採訪，他表示雖然願意在海外幫助其弟，但是也公開表示他對世襲的反感。

2010 年，金正男再次經常往來於北京和澳門之間，也曾到曼谷、阿姆斯特丹、蘇黎士、維也納和莫斯科等城市居住。

2011 年 12 月，在金正日死亡後不久，金正男前往北京，並接受北京當局保護。北京一直把金正男作為一個備胎，一旦金正恩太出格而被除掉後，金正男就是穩定朝鮮、不讓韓國和美國控制朝鮮的一個關鍵人物。

金正男參與朝鮮海外洗錢

2007 年據韓國的《朝鮮日報》引用消息人士的話說，金正男與第二位妻子以及 12 歲的兒子目前居住在澳門附近的一個島上。

該島上有 80 多棟豪華別墅。每棟別墅都毗鄰大海，還帶有游泳池等設施。這些別墅的價格都在 200 萬美元左右。其中有兩棟別墅歸金正南所有，每棟別墅的面積達 330 平方米。

金正男在澳門市中心還擁有一套住宅，平時都是他的三名保鏢居住，他本人則在光顧賭場和夜總會之後多於此過夜。

金正男經常光顧娛樂場所，並在高級賓館過夜。據說，他經常過夜的一個五星級賓館的標準單間要 460 美元一宿。而且金正南還經常在設計師設計的高檔品牌商店購物。

　　《朝鮮日報》稱，朝鮮人均年工資才 59 美元，金正男這樣的花費是讓人無法容忍的奢豪。報導還指出，朝鮮人工資的三分之一要自動上繳給國家，餘下的部分工資也不發到朝鮮人手中，而是給物品。《朝鮮日報》表示，如果將外幣匯率與他們的購買力進行對比的話，那麼朝鮮人的工資將不會超過一美元。

　　雖然，金正男 2001 年被日本拒絕入境後被遣返到中國，但中共官方一直不承認金正男在澳門居住的事實。

　　日本《朝日新聞》引消息人士說，金正男 2005 年在香港一家大型銀行開戶，但由於戶頭沒有資金往來紀錄，金正男被銀行要求解釋。

　　金正男 2005 年 1 月下旬獲得香港入境簽證，不過，他 2 月初在入境時遭香港入境事務處拒絕入境。在此之前，金正男曾數度造訪香港。

　　香港媒體分析認為，由於朝鮮正在北京舉行有關美對朝金融制裁下，澳門匯業銀行（BDA）凍結朝鮮帳戶的磋商會議，香港不想引起麻煩，所以拒絕金正男入境。對此，香港入境事務處以個別案件為由拒絕評論。

　　此前美國凍結了澳門匯業銀行 50 多個與朝鮮有關的帳戶，總金額高達 2400 萬美元。美方指控匯業銀行利用朝鮮製造的偽鈔洗錢，這些錢也與朝鮮核武計畫有關，而這些錢大多與金正男的經手有關。

第二節

北京把金正男當替補

金正男是取代金正恩的潛在人物，也是北京對付朝鮮的隱性槓桿。圖為 2004 年 9 月 25 日金正男在北京國際機場。（AFP）

金正恩被警告：在中共地盤不可動金正男

金正日去世的前夕，金正男曾對日本記者說，要避免出現經濟崩潰從而導致政權垮台，朝鮮就需要進行改革。他還說：「我希望我弟弟（金正恩）盡力改善朝鮮民眾的生活。」

金正男近年來多次表示，他無意領導朝鮮。2012 年，金正男向日本媒體爆料，他被朝鮮當時的二號人物、姑父張成澤警告，要他不得再就金正恩繼位和朝鮮軍事等對外媒發表評論。

據說，金正男深得張成澤的信任。張成澤掌管朝鮮在海外的祕密資金，他正是通過在澳門的金正男和在巴黎的一對朝鮮夫婦洗黑錢。2006 年，張成澤的女兒和巴黎的朝鮮夫婦前往香港，同金正男及一澳門商人共進晚餐，期間談到關於匯款問題。

由於周永康的出賣，張成澤後於 2013 年被金正恩以「叛國

罪」處決。韓國媒體說，張成澤被殺是因為試圖說服北京扶持金正男取代金正恩，而這絕密消息卻被周永康洩露給了金正恩。詳情請看《新紀元》叢書《周永康洩密 金正恩姑父被殺》。

在朝鮮勞動黨中央政治局委員張成澤被執行處決後，據和金正男有逾 150 封電郵來往的日本《東京新聞》編輯五味洋治透露，北京當局提升了對金正男的保安級別。為保護金正男的人身安全，北京方面安排的貼身警衛和車輛都增加了兩倍。

韓國《朝鮮日報》引述韓國政府消息人士的話指出，金正恩被內定為接班人後，其身邊的親信就開始策劃「幹掉」金正男，但中共警告「在中共的地盤絕不可動金正男」。由於中共是朝鮮的最重要盟國和經濟「生命線」，金正恩不敢貿然得罪中共，暗殺計畫被迫告吹。

據悉，金正男和中共高層領導子弟組成的「太子黨」交情甚密，中方更打算，若朝鮮政權崩潰便由他出面接手。

日本作家五味洋治曾經在北京和澳門採訪金正男，著有《父親金正日與我：金正男獨家告白》一書，書中引述金正日長子金正男的話說，他對他的同父異母的弟弟金正恩沒有什麼信心，不相信他會改變朝鮮貧窮封閉的現狀。

五味洋治還說，金正男多次告訴自己，他沒有回朝鮮的打算。但是許多人，包括中共，希望他以一種領導人的方式返回朝鮮。

一朝鮮化學家落網 四名逃回平壤

2017 年 2 月 16 日，馬來西亞當局完成了對金正男的屍檢工作，但沒有公布屍檢結果。朝鮮駐馬來西亞大使姜哲（Kang Chol）17 日

拒絕承認馬來西亞當局對據信是金正男屍體所做的任何屍檢結果。

15 日和 16 日，馬來西亞警方還逮捕了兩女一男三名嫌犯。兩名女子是段詩芳和席蒂艾沙，男的 26 歲，馬來西亞籍，是席蒂艾沙的男友。但這三名嫌犯都不是刺殺金正男的主謀。

馬來西亞媒體還報導說，17 日凌晨，在逾 150 名警員的嚴密押送下，段詩芳和席蒂艾沙到吉隆玻機場重演案情。她們向警方描述了當時如何向金正男噴灑毒液，以及離開機場的逃走路線等。

另外，馬來西亞《星報》說，段詩芳和席蒂艾沙彼此相識，疑曾在中國滯留一至三個月，從事保鏢工作。期間，段詩芳結識了一名男子。該男子據稱是一名特工，把她介紹給另外四名目前在逃的男嫌犯，並接下所謂「拍惡搞影片」的任務。

這兩名女子的口供都說，神祕男子給她們 100 美元酬勞，說是要在機場參與拍攝噴灑液體的惡搞影片，而且她們已排練多次。

警方推測，她們可能只知參與「拍攝惡搞短片」，並不知這是一次刺殺行動，不過外界質疑，若她們只是惡作劇，那不會事發後欲逃往國外。

2 月 17 日，馬國警方抓捕了一名叫李忠哲的 47 歲男人，他持有朝鮮護照。據馬來西亞《中國報》19 日晚報導，李忠哲落網後表現得非常淡定，並否認涉案，稱自己是「冤枉的」，還聲稱其在案發當天沒有到過機場，也不認識案中的女嫌犯。

不過警方最新調查發現，李忠哲確實不是機場拍到的四名嫌犯之一，但他在當天載主要嫌犯到機場，警方是從他的車牌掌握到他的身份。

據報，李忠哲在馬國一家製造抗癌保健藥品公司任職，是一名資深藥劑師兼製藥專家，對毒理和毒素有非常深度的了解。據

悉，他曾接觸過駐馬國的朝鮮大使館官員。有內部消息稱，李忠哲可能為朝鮮偵查總局（RGB）的特工，是一名化學家。馬國警方透露，李忠哲在吉隆坡一家工廠的 IT 部門工作。

據韓聯社 2 月 20 日報導，與金正男遇刺案相關的四名朝鮮籍嫌犯為了混淆警方的視線，已乘坐飛機輾轉三國，經過四天三夜回到朝鮮平壤。

馬來西亞撤回駐朝鮮大使

金正男遇刺案引發馬朝兩國外交風波。馬來西亞外交部 2 月 20 日上午傳召朝鮮駐馬國大使姜哲，要求他就指責馬國政府的言論作出解釋，並宣布召回駐朝鮮大使。隨後並於 3 月 4 日宣布驅逐姜哲出境。

2 月 20 日，馬來西亞外交部負責多邊事務的副外長召見朝鮮大使姜哲。此前朝鮮曾要求取回遺體，但遭到馬當局拒絕。姜哲曾於 17 日對媒體表示，朝鮮將拒絕承認屍檢結果，並在聲明中批評馬國政府與「敵對勢力勾結」，並稱對事件「有所隱瞞」。值得注意的是，姜哲對媒體及聲明中均沒有明確說明這名死亡的朝鮮男子的身份。

馬來西亞外交部以強硬措辭發表聲明，指出朝鮮的指控毫無根據，是有意詆毀馬來西亞的聲譽。聲明還強調，這起發生在馬國領土上的案件，大馬政府對此有責任進行調查及查明死因。

3 月 4 日馬來西亞正式宣布驅逐朝鮮大使姜哲。馬來西亞外長阿尼法表示，朝鮮沒有任何道歉跡象，因此決定將姜哲列為「不受歡迎的人」，要求其必須在 48 小時內離境。

第三節

曾慶紅反撲令習失牌

詭異的是，就在習陣營要追查曾慶紅之子曾偉侵吞國有資產罪行時，金正男被暗殺，其身邊一個保鑣也沒有。這可能是曾慶紅的特務組織的一次反撲。（AFP）

金正恩的殘忍讓中共高度緊張增兵

金正男遇刺身亡後，韓媒披露，朝鮮二號人物崔龍海正祕密訪問中國大陸。對此，中共外交部稱不知情。

據韓國 TV 朝鮮 2017 年 2 月 16 日報導，崔龍海當時仍滯留在中國。2 月 12 日朝鮮發射導彈後，崔龍海馬上就訪問北京，可能是向中方解釋發射導彈的相關問題。韓國情報當局認為，可能因 2 月 13 日發生金正男被暗殺事件，崔龍海的回國被推遲了。

2 月 15 日、16 日的朝鮮重要官方活動中均未見崔龍海。2 月 17 日，中共外交部發言人在回應崔龍海訪華的問題時稱，未掌握相關情況。對金正男案的情況則表示，「注意到有關最新進展，將繼續對事件保持關注」。

彭博社報導稱，金正男是取代金正恩的潛在人物，也是北京

對付朝鮮的隱性槓桿。中央黨校刊物副主編鄧聿文表示，「如果北京不想看到金氏政權徹底崩潰，他將希望找人取代金正恩」，這是金正恩越來越不放心他的哥哥的原因。

朝鮮金家政權一直受中共江澤民派系的操控，江派常委張德江、劉雲山、張高麗、曾慶紅、周永康等人與朝鮮金家政權交往密切。一些報導與分析均指向江澤民集團要員涉及朝鮮核武發展。

習近平上台後，對待朝鮮開始採取與中共過去，特別是江派等不同的策略，與其保持距離。至今習近平未與金正恩見面。

據英媒報導，金正恩 2015 年 9 月派崔龍海參加北京大閱兵時，習近平也拒絕與崔會晤。針對朝鮮多次進行試射導彈和核試的挑釁，2016 年 11 月底，北京當局與美國在聯合國安理會達成對朝鮮最嚴厲的制裁決議。

2 月 13 日金正男遇刺後，總部設在香港的中國人權民運信息中心報導，中共軍隊從 2 月 14 日晚至 15 日凌晨，已經向中朝邊境第一線的哨所增加布署 1000 人，以防有突發事件。

據悉，中共第 16 集團軍負責朝鮮防務，中朝邊境第一線部隊有 7000 人，每逢朝鮮出現變動，北京當局都會增兵邊境，以防朝鮮發生事端。尤其是這次被殺死的金正男是得到中共的庇護。

據韓聯社報導，2 月 13 日，在朝鮮發射導彈第二天，也就是金正男被殺的同一天，北京拒絕了來自朝鮮的一批價值 100 萬美元的煤炭。貿易數據顯示，中朝關係已經冷卻，總貿易量已經連續兩年下降，2016 年降至 54 億美元。

2 月 18 日中共商務部發布消息稱，自 2017 年 2 月 19 日起至

年底，暫停進口朝鮮原產煤炭，包括海關已接受申報但尚未辦理放行手續的煤炭。

經濟貧窮的朝鮮，煤炭是其為數不多的主要創匯商品之一。2016 年 3 月至 10 月，中國從朝鮮進口了 2480 萬噸煤，而安理會決議所提出的 750 萬噸的限額，僅相當於此前朝鮮對中國四個月的出口量。

外界廣泛猜測刺殺行動很可能是由金正恩本人下令。《華盛頓郵報》報導，中共外交部喃喃地重複著一句話：「知悉相關報導，在密切關注進展。」但是私下裡，北京高層瀰漫著震驚和沮喪的氣氛。官員和專家們說，如果刺殺金正男的確是金正恩的下令，那將被視為對保護金正男多年的中共當局的羞辱。

「金正男被刺殺令中共更加意識到，朝鮮現政權是多麼的不可預測和殘忍，金正恩為了自己的利益，願意拋棄中共，把它賣了。」彼得森國際經濟研究所研究員撰文如是表示。同時還指出，金正男被刺殺揭示了金氏政權的本性：「一個殘忍的、反覆無常的獨裁政權，完全不能被信任。」

復旦大學的汪偉民表示，據中共最近接到的情報顯示，朝鮮領導層一些人建議犧牲跟中共的關係，試圖跟美國、日本和韓國建立更密切的關係。汪偉民說，一個想法正在在朝鮮高層盛行，即「中共不能被信任，只能被利用」，而這個想法是從金正恩的爺爺金日成傳下來的。

在此背景下，刺殺金正男可能是金正恩政權釋放的一個信號：它對北京支持聯合國制裁不悅，意欲拉開跟北京的距離。不過問題可能並非如此簡單。

金正男被殺時 兩中方保鑣離奇回國

詭異的是，在金正男被殺當時，身邊一個保鑣也沒有。

有消息透露，金正男自 1995 年就有中共保鑣暗中保護，另外可能還有安全人員遠距離監控。近年，金正男三個貼身保鑣中，兩名由中共政府派遣，還有一名由韓國首爾當局指派。

有消息人士指，2011 年曾有朝鮮國家保衛部人員試圖暗殺藏身在澳門的金正男，幸好有保鑣拚死保護，金正男才免於一死。

值得關注的是，本次金正男遭暗殺時，據稱中方保鑣提前回國，但為什麼外圍的安全人員也不在？金正男隻身要去哪裡？

海外消息稱，負責向金正男提供安全保護的，是中共軍方原總參謀部，早在金正男失勢流亡中國開始，總參謀部就在時任中共中央軍委副主席郭伯雄指示下，負責對金正男的安全保衛和「培養」工作。

習近平上台後，周永康、郭伯雄等相繼落馬成為階下囚，特別是 2015 年底習近平推行大規模軍改，中央軍委總參謀部雖然被打散重組，不過習近平非常重視金正恩的動態，在美國川普總統上台後，朝鮮是美中關係、日中關係、中韓關係的關鍵，習陣營絕對不希望金正男這個備胎在還沒發揮作用前就失效。

《新紀元》周刊此前報導過，掌控朝鮮的是中共內部的江澤民派系，而曾慶紅就是暗中掌管總參謀部的大佬，就在習陣營抓回了肖建華，並以此為突破口、要追查曾慶紅之子曾偉一筆生意就侵吞 600 多億國有資產罪行時，發生了金正男被暗殺，這無疑是曾慶紅、馬建舊部的特務組織對習陣營的一次反撲。

有可能是曾慶紅控制的中共特工，暗中下令朝鮮特工去暗殺

金正男，而中方先行撤走中共保鏢，並想法讓韓國保鏢離開。如今馬來西亞當局沒有公布金正男的航班信息，也許他是回澳門或去見一個熟悉的人而鬆於戒備。反正這裡面的渾水很深。

時事評論員謝天奇表示，如今習江鬥到了一個關鍵節點。十九大前夕，身欠太多血債的江澤民集團勢必還會孤注一擲、不擇手段地進行絕地反撲，以圖延緩其被清算的命運。

面對江派的垂死反撲，在國內，習陣營料將升級清洗動作回擊江派；在國際上，習當局料將與美、韓、日聯手升級對朝鮮的制裁。金正恩的瘋狂之舉很可能加速美韓對其的斬首行動；而其幕後人物，江澤民與曾慶紅等人的瘋狂之舉，也將加速其被清算下場的到來。

第十章

習訪美
川普：習喜歡我

金正恩面臨美國川普政府的強勢震慑，以及習陣營對其背後主子、中共江澤民集團最後清算的雙重圍剿之下，政權岌岌可危，金正恩終將陪葬江澤民的命運，料不可避免。

2017 年 4 月 6 日、7 日川普與習近平在美國佛州進行兩天高峰會談後，習川建立私交關係，聯手大動作。（Getty Images）

第一節

川習會後現劇變
習近平對美承諾了什麼？

川習會後第一天，2017 年 4 月 8 日，
美軍太平洋司令部下令卡爾文森號航
母戰鬥群（Carl Vinson Strike Group）
轉向北航行，駛進朝鮮半島附近海
域。（Getty Images）

川習倉促會晤 被定性「重中之重」

2017 年 3 月 30 日，中美雙方正式宣布，習近平與美國總統
川普 4 月 6 日、7 日將在美國佛羅里達州的馬阿拉哥（Mar-a-Lago）
俱樂部進行兩天高峰會談。

4 月 3 日，中美最高外交官互通電話，表示川習會對全球和
平將具有「重大意義」。中共外交部發布聲明說，中共國務委員
楊潔篪和美國國務卿蒂勒森一致認為，此次會晤是「重中之重」。
蒂勒森表示，峰會對於美中關係未來「極其重要」。

4 月 6 日傍晚，川普在馬阿拉哥俱樂部宴請習近平。席間，
川普接受邀請，將到中國進行國事訪問。

4月7日上午，川普在中美雙邊會議上表示，感謝習近平到訪美國，雙方對很多問題的討論，獲得很大的進展。習近平表示，對於促進中美關係的發展及世界和平與穩定，北京也會善盡應有的責任。

川習會落幕後，美國國務卿蒂勒森表示，在朝鮮核問題上，兩國元首同意加強合作，說服朝鮮放棄核計畫。

此外，中美雙方宣布建立四個高級別對話機制，包括外交安全對話、全面經濟對話、執法及網路安全對話、社會和人文對話。雙方宣布展開「百日計畫」，改善緊張的貿易關係和加強合作。

然而，這些公開信息大多是外交辭令，並無實質性的行動承諾；包括建立高級別對話機制等也不是什麼創新舉動。2015 年 9 月，中共官方就曾報導，中美已創設 90 多個對話機制，涉及全方位各個領域。至於「百日計畫」，川普在社交網站上也重申，只有時間可以證明會面成果。

川習會後 川普態度突變

川習會前，各方消息及媒體報導關注的川習會核心議題主要包括朝鮮核武、經貿、薩德反導系統、南海、台灣五大議題。美國白宮方面表示，兩位領導人將就「雙方共同關心的國際、地區以及雙邊議題」展開討論。川普則對朝鮮核武以及中美經貿問題強硬發聲。

川普於 4 月 2 日接受英國《金融時報》專訪時說，川習會上肯定會討論朝鮮問題。他認為，中方對朝鮮有很大影響力，中方可以決定在朝鮮問題上是否幫忙，「中國如果決定出手協助，對

中國也是好事；反之，中國若不幫忙，對誰都不利。」川普還說，
但若中方在朝鮮問題上不幫忙，美國完全可以自己處理。

至於中美貿易問題，川普曾多次批評中國蓄意將人民幣貶
值，對美國進口貨品徵稅，造成龐大貿易赤字，讓美國流失數以
百萬計的工作。3 月 31 日，川普簽發行政命令，要求調查各國對
美國貿易順差的情況。

川普還在推特上發文稱，鑒於「大量的貿易赤字」和「減少
的工作崗位」，與大陸領導人的會面「將會非常艱難」。

4 月 6 日稍早，在飛往佛州的空軍一號上，川普向媒體重申，
「我們一直被不公平對待，許多年來跟中共進行了可怕的貿易。
這是我們將討論的一件事。」

當晚，川普在馬阿拉哥俱樂部宴請習近平。在宴會上，川普
還開玩笑說，兩人已經進行了很久的討論，「迄今我什麼也沒有
得到，絕對沒有。」

但到了第二天，川習會晤後，川普態度有了 180 度的大轉變。

川普 4 月 7 日向媒體表示，在跟習近平舉行首次會晤之後，
他們在建立合作關係方面取得「巨大進展」。他說，雙方官員一
對一地進行了交流，「我相信我們已經取得真正的進展。」川普
說他期待未來有更多的進展。

但川普沒有透露有哪些「巨大進展」。有記者提問朝鮮核武
問題，川普沒有回答。

川普還說，他跟習近平建立的關係是「傑出的」，他盼望以後
有很多機會在一起。「我相信許多可能非常惡劣的問題將消失。」

習近平說，此次中美元首會晤是一次「匠心獨具」的安排，
對於中美關係未來發展具有「特殊重要」的意義。

習近平 4 月 7 日返程途中，臨時決定在阿拉斯加州停留，會晤了州長沃克（Bill Walker）。習近平告訴沃克，他和川普「達成多項共識，取得積極成果」。

相對於官方信息所稱沒有「突破性」內容，川習會晤後，對雙方合作的評價由首日的「一無所獲」變為第二日的「取得巨大進展」。這些巨大反差，無法不令人聯想——習近平私下向川普作出一些不宜公開的承諾。

考慮到川普之前在朝鮮核武以及中美經貿問題上的強硬表態，以及會晤之後的態度巨變，可以猜測，習近平的私下承諾應該滿足了川普在這兩大議題上的強硬要求，甚至遠甚於此，因此令川普有意外之喜。

川普強調與習近平的私人友誼

4 月 6 日晚宴上，川普說：「我們已經發展起友誼。我可以看到。」「我認為，長期來看，我們將有一個非常非常好的關係，我非常盼望看到這一點。」

4 月 7 日川普向媒體表示，他跟習近平建立的關係是「傑出的」，他盼望以後有很多機會在一起；「我相信許多可能非常惡劣的問題將消失。」

習近平則表示，雙方做了長時間深入溝通，達成許多重要共識。他說：「更重要的是，我們深入進行了了解，初步建立了工作關係和友誼。」他並表示，希望雙方為推動中美關係，造福兩國人民，促進世界和平穩定，「盡到我們歷史的責任」。

習近平說完後，川普立即表示「我 100% 同意」。

　　川普如此強調、相信同習近平的私人友誼，暗示其態度的轉變以及其不便明說的雙方合作方面的「巨大進展」，源自於習近平個人的承諾，而不是習做為中共領導人作出的官方表態。這也可以解讀為，兩人的閉門會議中所做出的承諾，很可能讓江派餘孽以背離中共體制及中共意識形態為由進行炒作藉以反撲，進而造成內部衝擊，因此不便公開。

川普一句話釋放重要信號

　　這也可以從川習會期間，雙方沒有就關於南海問題、台灣問題作出任何公開表態看出端倪。因為這兩大問題涉及國家主權問題，習近平一旦示弱，將受制於中共體制；江澤民集團會挾持中共政權與「民意」，對習進行脅迫，達到其反撲的目的。而習近平一旦強硬表態，則有違川習會的初衷。川普低調避談這些議題，應該是明白習的處境；這也表明川普與習會談及籌劃未來合作中，已將習近平個人與中共政權區別對待。

　　川普在川習會後向媒體公開說的一句話，「我相信許多可能非常惡劣的問題將消失」，更是釋放重要政治信息，也佐證了雙方承諾內容敏感度極高。

　　近 30 年來，江澤民集團捆綁、操縱中共政權，在海內外製造的惡劣行徑罄竹難書；包括中國大陸的活摘器官等人權災難、法制崩潰、道德淪喪、協助朝鮮核訛詐、對海外西方國家文化滲透、破壞政治經濟秩序、海內外恐怖活動等等，不一而足。

　　川普相信「許多可能非常惡劣的問題將消失」，這些非常惡劣的問題，除了川普在會晤前強調的朝核問題、中美貿易問題外，

還包括哪些？有一點可以肯定，要想徹底解決「這些非常惡劣的問題」，唯有徹底清算江澤民，解體中共。川普這句話的弦外之音指的會是這一點嗎？

與川普、習近平二人釋放的敏感言論相呼應，二人在會晤後迅速發起的一系列敏感動作，也進一步佐證川習會達成的共識與承諾意義不一般。

川習會後 中美立即聯手針對朝核

川習會後第一天，4月8日，美軍太平洋司令部下令卡爾文森號航母戰鬥群（Carl Vinson Strike Group）轉向北航行，駛進朝鮮半島附近海域。

4月9日，美國國家安全顧問麥克馬斯特（Michael McMaster）向媒體表示，總統川普及中國國家主席習近平在川習會上，針對朝鮮核武威脅問題，一致認同金正恩的「挑釁」是不能接受的。

「這是一個流氓政權，一個擁有核能力的政權，」麥克馬斯特說，「所以川普要求我們為他準備一個對付朝鮮的所有選項，為美國人民及我們的盟國及合作夥伴消除這個威脅。」

當天，美國國務卿蒂勒森表示，習近平清楚地了解到，朝鮮半島局勢進一步惡化，已達到必須採取行動的程度。蒂勒森還表示，中美雙方也認識到，朝鮮的威脅已到危險地步，雙方將共同對朝鮮採取行動，遏止朝鮮的核威脅。

4月10日，韓國首席核談判特使金烘均會晤了來訪的中共外交部朝鮮半島事務特別代表武大偉。金烘均表示，他與武大偉達

成共識，一旦朝鮮執意進行第六次核試驗或洲際導彈試射，將依據安理會決議，採取更嚴厲的制裁措施。韓中雙方還商定，如果朝鮮再進行這類「戰略挑釁」，聯合國就必須通過更強有力的決議。

4月11日，外電引述中國丹東誠泰貿易有限公司的貿易消息人士稱，中國海關部門已發布官方指令，要求貿易公司退回他們從朝鮮運來的煤炭船貨。

上述行動顯示，中美韓三方已聯手針對朝鮮核武問題展開行動。而這些行動發生在川習會剛剛結束之際，這暗示習近平可能不僅已同意美韓針對朝鮮採取包括軍事打擊在內的各種制裁行動，還可能承諾與美韓聯手行動。果真如此，朝鮮金正恩政權將岌岌可危。

川普當局默契配合習當局 追逃追贓

據美國媒體報導，川習會前夕，4月5日，美國聯邦調查局（FBI）在對一系列投資移民詐欺案件的調查過程中，鎖定三名華人，他們分別是美國加州律師陳瑩瑩、陳瑩瑩父親陳達、陳達女友曾芳（中國公民）。

據FBI搜查令申請檔顯示，陳氏父女的客戶中，有部分人的個資信息作假，作假的原因，則是因為這些人的名字出現在國際刑警組織中國國家中心局公布的「全球通緝百名外逃人員」名單中。其中包括13號在逃嫌犯、曾任湖北省武漢市發改委主任的徐進，以及66號在逃嫌犯、曾任中國人保湖北分公司副處長的徐進妻子劉芳。

4月8日，中紀委官網以《習近平：中國正在全力反對腐敗，

希望美方在追逃追贓方面給予更多配合》為題，轉述中共官媒新華社的報導稱，在此次川習會上，習近平向美國總統川普提出，希望美方在追逃追贓方面配合中方的「反腐」行動。

上述兩名「紅通犯」被查獲，恰恰發生在川習會期間，與習近平希望美方在追逃追贓方面給予更多配合的要求相呼應。在川普與習達成默契共識的基礎上，習陣營未來追逃追贓行動或有突破。這無疑給江派外逃高官及其家人，尤其是習王追逃重點目標令完成、薄瓜瓜等人的未來命運帶來變數。

第二節

美對敘射導彈內幕
川普：習喜歡我

　　川普在美東時間 2017 年 4 月 11 日上午接受福克斯商業（Fox Business）新聞專訪中說，川習會兩天會議的日程，原本各安排兩人單獨談話 15 分鐘，但結果是每次都欲罷不能，各持續了三小時及兩小時。

　　「我和習近平進行了非常、非常好的會晤，我認為我們兩人的關係非常好。」川普說，「我的意思是說，至少在我看來，這是非常好的私交關係。或許他不喜歡我，但我認為他喜歡我。」

　　川普認為，他相信他可以和習近平相處愉快，因為「我們彼此理解，很有默契（good chemistry）」。

　　4 月 6 日，川習會第一天，川普在佛州馬阿拉哥度假村（Mar-a-Lago，又稱海湖莊園）宴請習近平。當天下午大約 4 時，川普下令美軍向敘利亞發射戰斧導彈。

在雙方代表團杯觥交錯之間，美軍發射了 59 枚導彈。川普在宴會結束前，獲悉美軍已完成任務，他決定告知習近平。

川普在這段專訪節目中詳細描述了當場的情況。

「我坐在餐桌邊，我們吃完主餐，正在享受甜點。我們為習近平準備最棒的甜點，非常漂亮的巧克力蛋糕，一般人很少見到那麼漂亮的蛋糕。」

「習近平正在享受著甜點時，我的將軍們送來信息，告訴我，已完成任務。」

「在這個時候，你能怎麼做？我們決心這麼攻打敘利亞，導彈已發射出去。」

「我不想讓習主席在享用晚宴回去後才被告知：『你知道，剛才那個和你共進晚餐的人，已攻擊了敘利亞。』」（在專訪中，川普口誤講成伊拉克。）

川普說，因此他決定當場告訴習近平。當時他向習近平說：「容我向你解釋一些事，……我們剛才向敘利亞發射了 59 枚導彈，我要讓你知道這事。」

福克斯商業新聞主播問川普習近平當時的反應。川普說：「他停頓了大約 10 秒鐘，然後請翻譯員再說一遍，當時我覺得情況不妙。」

川普接著說，習近平在聽完翻譯員的第二次翻譯後，對我說：「任何人使用毒氣，你幾乎可以這麼說，或其他東西，任何人如此殘暴地對兒童及嬰兒使用毒氣，對這樣的人，這麼做是沒有問題（it's OK）。」

「習近平認為這件事（美攻敘）沒有問題，他可以接受（He was OK with it. He was OK.）」川普強調。

據英國《衛報》報導，雖然川普在首次川習會期間決定對敘利亞發射導彈，搶了川習會的光彩，並且在宴席上突然告知習近平這件事，但並未影響中方對首次川習會的看法。

中共黨營媒體報導，這次會議是積極且有成效的，開啟了美中雙邊關係的新起點。

川普下令空襲敘利亞 釋多重震懾信號

川普 4 月 6 日在海湖莊園宴請習近平前，下令空襲敘利亞一處空軍基地；美軍在川習兩人杯觥交錯之間，發射 59 枚戰斧巡弋導彈。川普在宴會結束時告知習近平，並向其解釋決定動武的理由。

川普向習近平解釋，阿薩德當局本周稍早，在敘利亞 Idlib 省對平民釋放的破壞神經的化學武器，導致至少 86 人遇難，其中包括 33 名兒童。

美國國務卿蒂勒森表示，當時川普告訴習近平：「甚至漂亮的嬰兒也在（阿薩德政府的）野蠻襲擊中被殘忍的殺害。」「沒有一個上帝的孩子應該承受這樣的恐怖。」

習近平得知這個情況後對川普說，他理解美國的反應，「因為死了很多孩子。」

蒂勒森認為，當時習近平並沒有對川普的決定感到震驚，並且感謝川普告訴他這件事及說明理由，「據我所知，習近平還告訴川普，他能理解，當見到人們在殺害孩童時，這樣的應對是有必要的。」

白宮 6 日晚間 9 時後發表川普的聲明，他呼籲所有文明國度

均能加入，讓敘利亞停止屠殺的血腥行動，以及所有形式的恐怖主義行為。川普的行動獲得西方國際社會和盟友的力挺。

川普對敘利亞發動空襲，得到美國國會兩黨廣泛支持；大多數國民稱讚，表示這次攻擊並不是川普放棄了將美國利益放在首位的承諾，而是突顯了美國實力，證明了美國是全球的領導者。

美國空襲敘利亞和川習會這兩大事件的重疊令外界矚目。朝核問題成為川習會焦點議題之際，川普下令空襲敘利亞的行動形同美國武力解決朝鮮金家政權的預演，增加了川普所說的美國不憚於獨自對朝核採取行動的可信度；這對金正恩及其背後的中共江澤民集團的震懾可想而知。

不僅如此，川普下令空襲敘利亞，打擊阿薩德政府的血腥屠殺與恐怖主義行徑，獲得國民及國際社會的廣泛支持，這反映了人類對正義行動的呼喚。

川普不能容忍阿薩德政府野蠻屠殺兒童，以及習近平對川普的行動表示理解，這樣的細節被美國白宮高官披露出來，釋放的信號更令人關注。

就在川習會以及川普下令空襲敘利亞之際，法輪功學員在習近平入住的旅館外、川普的馬阿拉歌莊園及沿途等進行和平請願，表達訴求，敦促習近平結束中共對法輪功的迫害，將迫害元凶、犯有活摘器官等反人類罪的江澤民繩之以法。

中共江澤民集團活摘法輪功學員器官——這個星球上從未有過的罪惡——已在國際上曝光 10 餘年。相信習近平與川普都已知曉相關的血腥黑幕。相比於阿薩德政府的恐怖屠殺行徑，難道川普與習近平會對中共江澤民集團的這一令人神共憤的血腥罪惡無動於衷？

　　川普勝選前後，頻頻抨擊中共獨裁政權；其團隊公開譴責中共活摘器官罪惡。大選前夕，川普陣營有人就中共活摘器官問題表態稱：「一個群體從事器官摘取與殺人的行徑，是非常可怕和可惡的事情。一旦我們執政，我們必須提及此議題，並讓更多人知道這有多麼嚴重，因為當我們跟奧巴馬提這個問題時，他可能不在乎，但如果你向川普提這個問題，那個大門會更加敞開。」

　　習近平上台五年以來，也以貪腐罪名拿下逾百名涉及活摘器官等迫害法輪功罪行的江派高官。如今，習陣營的「打虎」行動已逼近江澤民、曾慶紅等江派終極「大老虎」。

　　如何面對和清算江澤民活摘器官等迫害法輪功罪行，以及如何面對和清算與江澤民這一罪行捆綁在一起的中共政權，已是擺在習近平當局及全球各國政府、團體及個人面前的一個迫在眉睫的問題。

　　此次川習會，二人是否就這個問題相互交底、達成共識，目前不得而知。但川習會之後，二人聯手迅速大動作，對朝鮮金家政權及江派利益集團展開清洗行動，或預示這一大清算行動已為期不遠。

　　正如川普所說，「我相信許多可能非常惡劣的問題將消失」。中國大變局的臨界點已越來越近了！

第三節

川習施重壓
金正恩「橫豎都是死」

美國副總統彭斯 2017 年 4 月 17 日在韓國和朝鮮的非軍事區告誡金正恩：「美國對朝鮮的戰略容忍時代已經結束。」（AFP）

美方強硬表態 川普勢在必得

2017 年 4 月 17 日上午，美國總統川普在白宮復活節慶祝活動中滾彩蛋時，針對「朝鮮又射飛彈」的記者提問，僅簡單地回答兩個字：「乖點」（Gotta behave）。

美國副總統彭斯 17 日在韓國和朝鮮的非軍事區（Demilitarized Zone）發表和川普語調類似的聲明，告誡金正恩：「美國對朝鮮的戰略容忍時代已經結束。」稍晚，彭斯再次強調，「應對平壤核威脅的所有選項都在研議中」，「（朝鮮如果）使用核武將得到全面且有效的反擊」。

就在 4 月 16 日朝鮮發射飛彈失敗幾個小時後，美國國家安

全顧問麥克馬斯特（H.R. McMaster）向美國媒體表示，川普將不會允許金正恩政權擁有威脅美國的能力，「我們的總統將採取最符合美國人民利益的行動」。

麥克馬斯特還向英國官員表示，美國的武力足以摧毀朝鮮的核武器，且不排除實施先發制人的打擊。

白宮國家安全副顧問麥克法蘭（KT McFarland）4 月 16 日告訴福克斯新聞，朝鮮是該地區所有國家的問題，包括它的最大盟友中共。「朝鮮不僅對美國構成威脅，也威脅韓國、日本、俄羅斯，以及中國。」

美國大軍壓境 先行練兵

與美國高官強硬表態相呼應，美國軍事力量正在朝鮮半島集結。

韓國政府 4 月 17 日透露，美國「卡爾文森號」（CVN-70）航空母艦戰鬥群將於 25 日駛入朝鮮半島東部海域，另外兩艘核動力航母「雷根號」和「尼米茲號」，美國軍方目前尚未透露動向。而美軍太平洋司令部 19 日針對卡爾文森號的動向聲明則印證了韓方的訊息，聲明指出，目前卡爾文森號已完成了短暫和澳大利亞的聯合演習，正在前往日本海域的路上，預計隔周抵達朝鮮半島。

4 月 11 日，川普在接受福克斯採訪時表示：「我們正派出一支無敵艦隊，非常強大。」「我們有潛艇，非常強大，比航母強大得多。」

川習會前，川普於 4 月 2 日接受英國《金融時報》專訪時說，

在川習會上一定會談朝鮮問題。他認為，中方對朝鮮有很大影響力，中方可以決定在朝鮮問題上是否幫忙，「中國如果決定出手協助，對中國也是好事；反之，中國若不幫忙，對誰都不利。」

川普還說，但若中方在朝鮮問題上不幫忙，美國完全可以自己處理。川習會後，川普又多次強調這一信息。

4月6日，川普在海湖莊園宴請習近平前，下令空襲敘利亞一處空軍基地，打擊針對平民使用化學武器的阿薩德政權；美軍在川習兩人杯觥交錯之間，發射了59枚戰斧巡弋導彈。

4月13日，美軍在阿富汗首次投下號稱「炸彈之母」的最大型傳統炸彈GBU-43/B，有至少94名IS分子被炸死，包括4名頭目。外界普遍認為，這是向朝鮮示警。

川普針對殘暴政權及恐怖分子的武裝行動，獲得國內民眾及國際社會的稱讚與支持。川普以實際行動展示了美國的軍事力量，也展示了武力解決朝鮮核問題的決心。

伴隨大軍壓境，川普及其團隊核心成員均強硬表態，顯示川普政府在解決朝鮮核問題上是勢在必得。

朝鮮隱現綁架人質與垂死心態

4月11日，日媒《東京新聞》與澳大利亞《每日電訊報》分別報導指，美國和澳大利亞等盟國的軍方人員當天表示，如果朝鮮再次發射飛彈，美國與盟國將不再只停留於譴責，而是聯手對朝鮮發射的飛彈進行打擊嘗試。

4月15日，朝鮮的「太陽節」，在包括兩艘神盾級驅逐艦在內的美國海軍戰鬥群集結朝鮮海域的情況下，朝鮮未如外界預測

地進行核試驗。

4月16日，朝鮮試射飛彈，但在發射後立即詭異爆炸。美國副國家安全顧問麥克法蘭德當天拒絕透露美國是否對朝鮮採取了網路攻擊，令其試射失敗，但表示網路戰已成為地緣政治格局的重要組成部分。

朝鮮在政治敏感的「太陽節」未進行核試驗，以及試射飛彈詭異失敗，金正恩政權的心虛膽寒心理隱現。

4月12日，英國《每日郵報》報導，朝鮮如果遭到美軍攻擊，其長期訓練的特種精英部隊可能會綁架西方人士作為人質。此消息獲得在台灣的國安局證實，表示朝鮮確實有此準備，但不一定會真的下令。

另外，朝鮮國營的高麗航空，4月17日延遲了從平壤飛往中國及俄羅斯的出境班機，導致大批外國記者滯留機場。朝鮮當局給出的解釋是天氣原因，但俄羅斯大使館的消息則是：無法提供合理延遲根據。

朝鮮金正恩政權以邀請報導4月15日的太陽節為藉口，吸引超過100名外媒記者。然而記者抵達朝鮮後，金正恩政權卻故弄玄虛地請記者參觀「重大行動」，而此「重大行動」竟是金正恩對居民大樓的剪綵儀式。

金正恩當局邀請外國記者，不免讓外界懷疑意在綁架人質，企圖防範美國的軍事打擊與「斬首」行動。

在美國大軍壓境以及川普等美國高層放話的強勢震懾之下，金正恩政權近期的表現已突顯其色厲內荏、惶惶不可終日的末日垂死心態。

金正恩騎虎難下 「橫豎都是死」

朝鮮核武問題是金正恩獨裁政權的一個死結。在目前的態勢下，一旦金正恩政權敢於進行核試驗與發射飛彈，則隨時可能遭到美國強大軍事力量的攔截與打擊。一旦引爆戰爭，金正恩政權必在最短時間內遭受最致命打擊，並很可能面臨即刻瓦解。

再者，金正恩自始依賴於展示軍事力量及反美姿態，以維繫其對朝鮮國民的洗腦與獨裁統治，如果依國際要求放棄發展核武與飛彈，就等同失去與國際社會對抗、討價還價的籌碼，而在國內也無法再維繫對其國民的洗腦教育，以及對黨政軍高層的高壓恐怖統治，致隨時都面臨被推翻的可能。

更深層的原因則是，朝鮮金氏政權一直受中共江澤民集團操控、豢養，在習江鬥的敏感節點，頻頻聽命於江派進行核恐嚇等回擊、攪局行動。江派大員周永康、曾慶紅、張德江、劉雲山、張高麗等人與朝鮮金家均有密切聯繫，朝鮮核武發展所需要的技術與材料，均已被披露與江澤民集團操控的政商圈勢力的支持有關。

習江鬥中，習陣營當下已取得壓倒性態勢，清洗行動已指向終極「大老虎」江澤民、曾慶紅及其家族。跟朝鮮核武有關的江澤民集團政商利益圈也正被深度清洗。江澤民集團支撐朝鮮核武的途徑一旦被習陣營切斷，金正恩政權的核恐嚇將失效，這也將是其覆滅的前兆。

金正恩面臨美國川普政府的強勢震懾，以及習陣營對其背後主子、中共江澤民集團最後清算的雙重圍剿之下，政權岌岌可危，金正恩終將陪葬江澤民的命運，料不可避免。

第十一章

中美聯手
北京積極備戰

十九大前夕，習近平力圖清除江集團操控朝鮮金政權進行核恐嚇的風險。在外交上，與美、日、韓積極聯手遏制朝鮮核試驗；在國內，加大清洗涉朝核的江派政商圈勢力，切斷江派勢力對朝鮮核武的操控。金正恩與江派大佬的命運均岌岌可危。

在朝鮮半島局勢緊張之際，習近平接見大批軍級單位主官，中朝邊境軍隊布防消息不斷傳出。習當局緊急備戰，應對朝鮮半島戰爭風險。（Getty Images）

第一節

北京軍事異動
川普稱習行事方式前所未見

川習會之後至 4 月 16 日朝鮮再度試
射飛彈期間，習近平當局針對朝鮮核
武有一系列的不尋常外交、文宣與軍
事動作。（AFP）

　　在川習會之後至 2017 年 4 月 16 日朝鮮再度試射飛彈期間，
習近平當局針對朝鮮核武有一系列的不尋常外交、文宣與軍事動
作。習當局緊急備戰，應對朝鮮半島戰爭風險的跡象明顯。美國
總統川普說，習近平在認真地處理朝鮮問題，「北京處理的方式
很不一樣，沒有人見過這樣的事情」。川普的話耐人尋味。

川習再度通電話的背後玄機

　　川習會後，4 月 9 日，美國國家安全顧問麥克馬斯特（Michael
McMaster）向媒體表示，總統川普及中國國家主席習近平在川習

會上，針對朝鮮核武威脅問題，一致認同金正恩的「挑釁」是不能接受的。

當天，美國國務卿蒂勒森說，習近平清楚地了解到，朝鮮半島局勢進一步惡化，已達到必須採取行動的程度。蒂勒森還表示，中美雙方認識到，朝鮮的威脅已到危險地步，雙方將共同對朝鮮採取行動，遏止朝鮮的核威脅。

川習會後第一天，4月8日，原本駛往波斯灣的「卡爾文森號」航空母艦戰鬥群，突然掉頭轉向，駛向朝鮮半島。另外，在日本橫須賀的「雷根號」航母也在準備開往朝鮮半島。

這些信號暗示，習近平很可能已同意美韓針對朝鮮採取包括軍事在內的各種制裁和打擊行動。

川習會期間，習近平與川普應就朝核問題達成共識與承諾；一周不到，4月12日，二人再度通電話，官方報導習近平表示，願意與美方聯手遏制朝鮮核項目，但「希望通過和平方式解決」朝核危機，這突顯的是習代表的中共官方外交辭令。

習通話時「希望通過和平方式解決」朝核危機，與川習會後習默許美國軍事行動升級的信號存在一定的反差。這有幾種可能，其一，習回國後向中共高層通報川習會相關內容後，美國對朝鮮動武的行動計畫以及中方的應對方案，可能受到中共高層內部激烈反彈；其二，考慮到朝鮮金正恩政權及朝鮮核武與江澤民集團的關聯性，習近平回國通報後，可能意識到江澤民集團及金正恩政權面對美國動武所採取的垂死反撲的後果超過預期；其三，習回國後需要時間就解決朝鮮核武問題以及應對朝鮮半島戰爭風險作相關布署與準備工作。

值得注意的是，在川習通話中，習與川普聯手遏制朝鮮核項

目的意願沒變；關於解決手段，習「希望通過和平方式解決」，並沒有表示反對或阻撓美國軍事行動。

在與習通話後，川普發推文表示，和習近平討論朝鮮核威脅「非常好」。

4 月 18 日，川普在福克斯新聞節目中表示，習近平在認真地處理朝鮮問題，「北京處理的方式很不一樣，沒有人見過這樣的事情。」「（此前）沒有人看過北京這麼積極地回應。」

川普的言論暗示，川習二人的默契共識沒有變；川普理解，習的言行表明習正在處理朝鮮問題。

而習回國後，在文宣以及軍事布署上的一系列動作，也為川普的言論作了註解，顯示二人在解決朝核問題上所具有的默契互動，正持續進行中。

中方文宣罕見批朝 軍方連連異動

川習通話當天，4 月 12 日，大陸官媒罕見批朝鮮稱，「中國也很難忍受朝核問題不停在家門口折騰了」，並說「這一次，金正恩可能真的害怕了」。大陸財新網評論稱，從川習會後雙方的說明和行為來看，中美對朝鮮問題嚴重性和緊迫程度的認知，達成了共識；同時也不應忽視川普政府較前任對採取軍事行動更加積極和果斷的風格。

在此前後，中方軍隊異動消息不斷。

4 月 11 日，海外中國人權民運信息中心消息指，中共軍方整個北部戰區已進入四級戰備，包括雲南、陝西和山東等地約 2.5 萬兵員已接令，要求做好開往中朝邊境準備。

4月12日，陸媒報導，原總參作戰部副部長、少將孫原生，3月底已履新北部戰區聯合參謀部副參謀長。

4月14日，又有消息指，預計朝鮮半島戰事有可能一觸即發，北部戰區已制定了應對目前朝鮮半島危機的作戰計畫。約有200名中共北部戰區陸、海、空、火箭軍的將校軍官，到遼寧瀋陽的北部戰區「聯合作戰指揮中心」指揮大廳緊急集結。

4月17日，陸媒披露，空軍中將、原空軍政治部主任范驍駿12日參加北部戰區公開活動，與北部戰區司令員宋普選上將比鄰而坐，已接替褚益民上將擔任北部戰區第二任政委。

4月18日，習近平接見新調整組建的84個軍級單位主官，並對各單位發布訓令；習要求軍級單位主官「堅決聽從中央和中央軍委指揮」、「要時刻準備打仗，……做好軍事行動各項準備，保持高度戒備狀態」。

另外，4月14日，中共大連市環保局下發的緊急通知在網上傳出。通知說，針對朝鮮突發核（核污染）、化（化學污染）環境事件，大連市從即日起實施「24小時緊急應對」戒備，以備核試驗失敗引發的核事故。

4月17日，海外中國人權民運信息中心向媒體透露，中共環保部還向吉林、遼寧、天津、河北和山東下發了相關緊急通知。

在朝鮮半島局勢緊張之際，習近平接見大批軍級單位主官，負責中朝邊境防守的北部戰區高層人事調整，軍隊布防消息不斷傳出。習當局緊急備戰，應對朝鮮半島戰爭風險的跡象明顯。

中朝外交關係異常

4月10日，韓國首席核談判特使金烘均會晤了來訪的中共外交部朝鮮半島事務特別代表武大偉。金烘均表示，他與武大偉達成共識，一旦朝鮮執意進行第六次核試驗或洲際導彈試射，將依據安理會決議，採取更嚴厲的制裁措施。韓中雙方還商定，如果朝鮮再進行這類「戰略挑釁」，聯合國就必須通過更強有力的決議。

4月11日，外電引述中國丹東誠泰貿易有限公司的貿易消息人士的話稱，中國海關部門已發布官方指令，要求貿易公司退回他們從朝鮮運來的煤炭船貨。

4月14日，中共官媒央視報導，中國國際航空公司將於17日起暫停北京至平壤段航線。

4月15日，是朝鮮的「太陽節」，也是朝鮮前領導人金日成的誕辰日，朝鮮舉行了大型閱兵式。臉色凝重的金正恩身旁未有中共領導人現身。

4月16日，朝鮮試射導彈，但以失敗告終。事發不久，主管外交的中共國務委員楊潔箎應約與美國國務卿蒂勒森通電話，官方通稿簡單交代「雙方還就當前朝鮮半島局勢交換了看法」。

4月16日，韓媒披露，在朝鮮半島局勢日趨緊張之際，北京欲派遣朝鮮半島事務特別代表武大偉訪問朝鮮，但是平壤方面毫無反應，實際上已拒絕其入境。

4月17日，彭博社報導，中共外交部部長王毅和政府朝鮮半島事務特別代表武大偉4月份別提出與朝鮮官員會面，但朝鮮未予答覆。同日，韓媒披露，朝鮮駐華大使在朝鮮「太陽節」前已返回朝鮮。

期間，中國多個旅遊網站已紛紛將朝鮮旅遊產品下架。根據多家大陸媒體的報導，在攜程、國旅、同程旅遊、驢媽媽、眾信旅遊、凱撒旅遊等旅行社的網站上，已經無法搜索到赴朝鮮旅遊產品。

圍繞朝核問題，中方外交高官與美韓官員的密切互動，與遭到朝方拒絕入境的待遇，形成鮮明對比。

川習會後，習近平回國十餘天內，在外交、文宣、尤其軍事布署上密集動作，針對朝鮮半島戰爭風險緊急備戰。習當局在與美國川普政府默契互動的同時，與朝鮮金正恩政權的分裂跡象快速浮現。

川普表示，習近平正以「很不一樣」的方式在認真地處理朝鮮問題；給外界留下懸念：習當局布署妥當後，朝鮮半島戰爭危機、朝核問題，以及中朝關係將會如何走向？

第二節

習備戰朝核危機
栗戰書緊急訪俄

2017 年 4 月 26 日栗戰書「坐鎮」俄羅斯，加上 5 月、6 月份普京與習近平的互訪，確保中俄關係穩定；這為中美日韓聯手解決朝核危機，消除了後顧之憂。（AFP）

　　2017 年 4 月 25 日朝鮮建軍節，外界關注金正恩政權會否進行第六次核試或再試射導彈。而中、美、日、朝各方動作頻仍，顯示朝鮮半島局勢正在升級，戰爭風險再度升高。在此敏感時刻，習近平當局外交與軍事上的最新動作令人關注。

朝鮮建軍節 半島戰爭危機升級

　　4 月 24 日，美國總統川普在白宮與美國駐聯合國大使海利以及安理會部分成員國大使會晤。海利警告平壤若進行核試與導彈試射，總統將介入作出決定，華府不排除動武。

當天，美國國會全體參議員（共 100 人）受邀周三（4 月 26 日）到白宮，就朝鮮問題，聽取國務卿、國防部長、國家安全顧問、參謀長聯席會議主席的簡報。

日本海上自衛隊說，兩艘日本驅逐艦 4 月 23 日與正駛向朝鮮半島水域的美國「卡爾文森號」航空母艦戰鬥群，在西太平洋展開聯合軍事演習。另外，美日韓軍方都加強警戒，兩軍增派偵察機及 U2 高空偵察機等加強監視朝鮮軍方動向，日本自衛隊亦提升應急準備。

朝鮮當日揚言，平壤準備空襲在菲律賓附近與日本驅逐艦聯合軍演的美國航空母艦，並稱平壤擁有「可以抵達美國和亞太地區」的武器和氫彈。美國五角大樓隨後警告朝鮮，停止挑釁性行動和言辭，以避免進一步破壞局勢穩定。

朝鮮 4 月 22 日拘留了一名年約 50 多歲的韓裔美籍男子，使得遭朝鮮扣留的美國公民總人數已達三人，導致局勢更加緊張。

4 月 25 日，日美韓三國外長在東京進行會談。三國就對朝施加最大壓力以阻止其核導開發達成一致。三國認為，金正恩政府可能會作出實施核試驗等挑釁行為，確認將維持高度警戒監視態勢。三方商定，若朝鮮發起新一輪挑釁，將採取強有力的懲戒措施。美國國務院朝鮮政策特別代表尹汝尚會後表示，「完全不認為朝鮮有對話的意願」，表明將繼續加大施壓。他還稱「在外交、軍事與經濟層面繼續密切合作方面三方達成了共識」。

北京制裁或已升級 中朝官媒「互招」

繼拒絕中共外交高官入境後，朝鮮官媒朝中社 4 月 21 日發

表題為《還好意思隨波逐流？》的署名評論文章，稱「如果他們估錯朝鮮的意志，對人家隨波逐流，執著於對朝鮮經濟制裁，或許會得到朝鮮的敵人的欣賞，但也要對同朝鮮關係的災難性後果做好思想準備。」文章以不點名的方式，批評北京讓美國變成了他們的合作者。

中共官方《人民日報》的旗下《環球時報》23日發表社評，指朝中社這樣做，除了會加劇平壤的孤立之外，不會產生任何對朝鮮有益的效果。

4月22日，中共官媒還發表社評稱，朝鮮半島局勢並未緩和，朝鮮極可能進行第六次核試。並表示，北京反對戰爭沒有用，必須做好迎接戰爭的準備。

美聯社4月22日報導指，朝鮮首都平壤的多個油站，21日可能是因為出現汽油短缺，汽車要排隊等入油，而汽油價格亦大幅上漲。部分油站更限制供應，只容許外交官員及國際機構的車輛才可入油。朝鮮的原油供應一直高度倚賴中國；有報導指中國為逼使朝鮮停止發展核武和導彈，以及不再進行核試，以限制原油供應施壓。

4月24日，外媒又披露，朝鮮平壤國際機場的自動提款機（ATM）不能用，極可能是因為中國大陸上個月開始對朝鮮進行的制裁。

朝中社4月23日報導，朝鮮最高領導人金正恩強調軍隊後勤保障方面自給自足的重要性，並表示朝鮮以自己的方式生產可保證豐衣足食。朝鮮官媒如此報導，或佐證北京對朝鮮的制裁已升級，並影響到朝鮮軍隊的後勤保障。

習當局三大敏感動作備戰朝核危機

在朝鮮半島局勢升級之際，習近平當局繼前期加強軍隊布署之後，近期又有外交與軍事上的敏感動作，備戰朝核危機升級及半島戰爭風險的跡象明顯。

一、川普與習近平再次通電話

4月24日，習近平和美國總統川普再度通電話，就朝鮮半島局勢交換了意見。這是「川習會」後兩人第二次通電話。此前的4月12日上午，習近平方才同川普通了電話。中美元首互動之頻密過去少見。

根據大陸官方報導，習近平表示，中方會堅守聯合國安理會的決議，同時希望有關各方保持克制，避免做出加劇半島局勢緊張的事。習強調，只有有關各方都負起該負的責任、相向而行，才能盡快解決朝鮮半島核問題，實現半島無核化。

美國白宮發聲明，指川普在通話中批評朝鮮持續的挑釁行為，對半島局勢造成不穩定。雙方又確認，朝鮮發展核武是迫在眉睫的威脅，同意加強合作，達致朝鮮半島無核化。

當天，日本首相安倍也與川普舉行電話會談，就繼續抑制朝鮮的挑釁行為達成共識。安倍再度肯定川普包括考慮動武在內的「所有選項」，並呼籲中方發揮更大作用。

川普同日分別與習近平、安倍通話，並與安理會成員國大使及美國國會密切互動；習近平強調有關各方都負起該負的責任，並與川普再次確認，朝鮮發展核武是迫在眉睫的威脅，同意加強合作；這都顯示習與美日韓的合作行動正在展開。

二、栗戰書敏感時點訪俄

4 月 18 日，大陸官方通報，中共中央政治局委員、中辦主任栗戰書將於 4 月 25 日至 27 日訪問俄羅斯。栗戰書此次訪俄期間，將會見俄羅斯聯邦領導人，增進兩國政治互信，更好服務兩國元首交往。

俄羅斯總統普京將參加 5 月 14 日、15 日在北京舉行的「一帶一路」峰會。據稱，普京屆時將邀請習近平 6 月訪俄。

栗戰書是習近平的「大內總管」。在 2015 年 3 月，栗戰書就曾以中辦主任的名義率隊訪問俄羅斯，受到普京接見，並與時任俄羅斯總統辦公廳主任謝爾蓋·伊萬諾夫會談。

當時有分析指，栗戰書罕見由幕後走向前台，以中辦主任身份獨自外訪，打破過往中共外交慣例，顯示其受習信任、重用，並在中俄外交中擔任重要角色。

栗戰書之前才剛陪同習近平參加川習會；4 月 19 日至 21 日，隨習近平視察廣西；此次 4 月 25 日至 27 日出訪俄羅斯，適逢朝鮮建軍節、朝鮮半島局勢升級之際。

另外，中共江派常委、人大委員長張德江 4 月 18 日至 20 日赴俄出席中俄議會合作委員會第三次會議。期間，會見俄羅斯總統普京，並與馬特維延科和沃洛金分別舉行會談。栗戰書緊隨張德江之後訪俄，時間點也耐人尋味。

江派常委張德江與朝鮮金正恩政權關係密切，並與朝鮮核武發展有關聯。涉朝鮮核武的遼寧丹東市鴻祥集團股份有限公司老闆馬曉紅，據傳是張德江的情婦兼王牌特工，江派對朝鮮的具體交易由中共中聯部安排，馬曉紅執行。

在朝鮮半島局勢升級之際，普京對朝核危機的表態及俄羅斯

軍方的後續動作不可小覷。習近平提前一周，緊急布署親信栗戰書在「4．25」敏感日期「坐鎮」俄羅斯，不僅可以消除江派常委張德江造成的負面影響，向普京表達習對解決朝核問題的最真實態度和決心，還可以在「4．25」敏感期，通過栗戰書確保其與普京之間的敏感信息即時溝通，一旦有重大行動時能獲得普京的支持。

栗戰書「坐鎮」俄羅斯，加上 5 月、6 月份普京與習近平的互訪，確保中俄關係穩定；這為中美日韓聯手解決朝核危機，消除了後顧之憂。

習近平如此安排，也表明其為圍剿江澤民集團及解決朝鮮金正恩政權核恐嚇危機，已作了連環周密的布署。

三、習近平帶軍方高層祕訪大連

大陸官媒 4 月 23 日報導，4 月 19 日至 21 日，習近平到廣西北海、南寧等地考察。不過官媒除了於北京時間 4 月 24 日中午報導了習近平同川普通電話的訊息外，並未提及習近平是否身在北京，同時，截至北京時間 4 月 25 日凌晨，官媒也未見習近平離開廣西後的公開活動報導。

據香港《明報》報導，習近平 21 日結束了廣西的考察及視察南部戰區陸軍機關後，直抵大連。陪同習近平前往的還有軍方高層，包括軍委副主席許其亮、海軍司令沈金龍等人。

4 月 23 日是中共「海軍節」，此前有傳聞指，大陸首艘國產航母「001A」將在「海軍節」下水。但海軍節當日潮汐不是大潮，並非最佳的下水時機，停泊航母的大連船塢僅進行注水。港媒預料，習近平將參加可能於 27 日至 29 日大潮日舉行的下水典禮。

4月26日，大連船廠正式舉行該艘航母下水儀式，由海軍司令沈金龍主持下水禮，習近平並未出席該儀式。官方也未見習近平到訪遼寧的報導，近乎神祕「隱身」。

而這段時間正值朝鮮建軍節、朝鮮半島局勢升級之際。遼寧與朝鮮接壤，大連與朝鮮本土僅隔著黃海相望。敏感時間，習近平神祕「隱身」在軍事敏感地點，內幕令人聯想。

此前，中國人權民運信息中心4月11日援引消息稱，中共軍方整個北部戰區已進入四級戰備，包括雲南、陝西和山東等地約2.5萬兵員已接令，要求做好開往中朝邊境準備。

4月13日，消息稱，北京已派20艘潛艇至朝鮮半島海域。

4月14日，又有消息指，預計朝鮮半島戰事有可能一觸即發，北部戰區已制定了應對目前朝鮮半島危機的作戰計畫。約有200名中共北部戰區陸、海、空、火箭軍的將校軍官，到遼寧瀋陽的北部戰區「聯合作戰指揮中心」指揮大廳緊急集結。

在此前後，大陸媒體披露，原總參作戰部副部長、少將孫原生已履新北部戰區聯合參謀部副參謀長；空軍中將、原空軍政治部主任范驍駿已接替褚益民上將擔任北部戰區政委。

4月18日，習近平接見新調整組建的84個軍級單位主官，並對各單位發布訓令；習要求軍級單位主官「堅決聽從中央和中央軍委指揮」、「要時刻準備打仗……做好軍事行動各項準備，保持高度戒備狀態」。

4月21日上午，習近平在廣西視察南部戰區陸軍機關，要求軍隊「徹底肅清郭伯雄、徐才厚流毒影響」，確保在任何時候、任何情況下都必須聽從當局和中央軍委指揮。

朝鮮半島局勢緊張，尤其美日韓三國航母、艦艇將集聚在

朝鮮半島海域並進行演習之際，習近平軍隊布署方面也有連番動作。朝鮮建軍節敏感期，習近平帶軍委高層抵達鄰近朝鮮的遼寧與海軍基地大連，很可能與第一線的軍事布署與決策有關。習近平在大連到底待了多長時間，相關內幕究竟如何，可能在朝鮮建軍節敏感期過後被逐步披露。

朝鮮建軍節敏感期，朝鮮第六次核試危機前夕，美國、日本、韓國加強軍事聯合行動，對朝鮮釋放震懾信號。習當局則加強制裁朝鮮，並在外交上、文宣上與金正恩政權出現分裂跡象。與此同時，習當局外交上與美國川普政府及俄羅斯普京政府保持最緊密的聯繫，軍事上加強布署、緊急備戰意味明顯。

中、美、日、韓聯手解決朝核危機的態勢已是箭在弦上，懸念只在於解決的時間點與方式。一旦朝鮮在 4 月 25 日海軍節有核試及試射導彈等孤注一擲舉動，朝鮮半島局勢料將即時升級。

第三節

習李同步離京
朝核危機外圍戰先行開打

外界先前認為，朝鮮會在 2017 年 4 月 25 日建軍節前後舉行第六次核試驗，甚至首次試射洲際彈道導彈。當天，朝鮮沒有發射導彈或進行核試驗，而是在元山市舉行「炮兵演習」。

朝鮮在 4 月 15 日太陽節、25 日建軍節兩個敏感日未進行核試驗，但在 4 月 16 日試射飛彈失敗，在 25 日舉行「炮兵演習」。這顯示，在美、中、日、韓的強勢震懾與制裁之下，金正恩色厲內荏卻仍不死心的心態。

美國總統川普放話，「現在是時候解決（朝核）問題了」。習近平當局也有一系列軍事、外交上的布署，並已先行清洗一批與朝鮮金正恩政權關聯密切的江派窩點。跡象顯示，美、中、日、韓聯手解決金正恩核武危機的行動正在推進。

川普誓言解決朝鮮問題 美日韓三國達成共識

4 月 25 日當天，美國「密西根號」潛艇抵達韓國釜山港。剛結束與日本自衛隊聯合演習的「卡爾文森號」航母戰鬥群隨後抵達朝鮮半島東部海域。韓國政府消息人士稱，「卡爾文森號」於本周末與韓國海軍舉行高強度聯合軍事演習。

同日，日本、美國、韓國三國團長會議在東京舉行。三國就對朝施加最大壓力以阻止其核導開發達成一致。三國認為金正恩政府可能會作出實施核試驗等挑釁行為，確認將維持高度警戒監視態勢。此外三國認為，中方在朝鮮無核化問題上扮演非常重要的角色，就要求中方行使影響力達成共識。

日本首相安倍晉三 25 日在東京表示：「朝鮮半島局勢非常緊張。日美韓和中俄將合力，通過對話與施壓，解決問題。」

日本外相岸田文雄 25 號在記者會上發布消息稱，擔任六方會談主席的中國政府朝鮮半島事務特別代表武大偉 25 日至 28 日將對日本進行訪問。岸田表示「將結合日美韓的政策，也與中方切實交換意見」。

美國白宮發言人斯派塞 24 日表示，包括美國國務卿蒂勒森、國防部長馬蒂斯、國家情報總監科茨和美軍參謀長聯席會議主席約鄧福德將軍在內的參議院全部 100 名參議員，將於 4 月 26 日下午赴白宮參與川普召開的關於朝鮮局勢的簡報會。

參議院全部議員集體前往白宮顯得很不尋常。

美國國務院 24 日還發布聲明稱，國務卿蒂勒森將在 28 日主持召開聯合國安理會關於朝鮮問題的部長級會議。

4 月 24 日，川普在白宮告訴聯合國安理會的大使們：「朝鮮

的現狀是不可接受的。」「安理會必須準備對朝鮮核和彈道導彈計畫實施額外的、更強有力的制裁。」

川普說：「朝鮮是一個重大世界性問題，是一個我們必須最終解決的問題。人們幾十年來蒙上眼睛，現在是時候解決問題了。」

習召開政治局會議 傳中方 20 萬兵力一級戰備

4 月 25 日，中國人權民運信息中心報導稱，從 25 日凌晨起，中共北部戰區 20 萬陸軍、海軍、空軍及火箭軍進入最高的一級戰備，防備美國與朝鮮爆發戰爭。報導還聲稱，朝鮮可能把第六次核試延到 5 月底。

當天，在中共外交部例行記者會上，有記者提問，「今天是朝鮮建軍節，各方都預計朝鮮會進行第六次核試驗，但其一直沒有任何異常舉動。這是否是中方敦促朝鮮保持克制產生的效果？中方有什麼信息要向朝鮮傳達？」

中共外交部發言人耿爽稱：「中朝之間一直保持著正常的往來，雙方的外交管道也非常暢通。」中方在朝鮮半島核問題上「三個堅持」（堅持實現朝鮮半島無核化、堅持維護朝鮮半島和平穩定，堅持透過對話協商解決問題）的立場，「朝方也非常清楚」。

此前，川、習兩人 12 日通話後，中方加緊制裁朝鮮的跡象與消息被披露。4 月 17 日，彭博社報導，中共外交部長王毅和朝鮮半島事務特別代表武大偉 4 月份別提出與朝鮮官員會面，但朝鮮未予答覆。

中共外交部發言人的最新言論暗示，中方仍有管道向金正恩

政權施壓。

北京時間 4 月 25 日下午 5 時左右，大陸官媒報導，習近平當天在北京召開政治局會議，分析研究當前經濟形勢和經濟工作，審議《關於巡視中央政法單位情況的專題報告》。

在朝鮮建軍節敏感日當天，習召集政治局成員開會，應該還有另一層意味，那就是，一旦朝鮮半島局勢有突發升級狀況，中方能緊急決策、應對。

習李同步離京 習神祕「隱身」三天

大陸官媒 4 月 23 日報導，4 月 19 日至 21 日，習近平到廣西北海、南寧等地考察。截至 25 日習露面召開政治局會議，期間 22 日至 24 日連續三天，除 24 日同川普通電話外，未見官媒關於習近平的公開行程與活動報導。

據香港《明報》報導，習近平 21 日結束了廣西的考察及視察南部戰區陸軍機關後，直抵遼寧省大連市。陪同習近平前往的還有軍方高層，包括軍委副主席許其亮、海軍司令沈金龍等人。

遼寧與朝鮮接壤，大連與朝鮮本土僅隔著渤海相望。正值朝鮮建軍節、朝鮮半島局勢升級之際，習近平神祕「隱身」在軍事敏感地點，相關內幕尚未公開，令人聯想。

習近平離開北京考察廣西的同一日，國務院總理李克強也離開北京考察山東。據大陸官媒報導，4 月 19 日至 21 日，李克強在山東省委書記劉家義、代省長龔正陪同下，在威海、濟南考察。

朝核危機升級前夕 江派敏感窩點被密集清洗

值得關注的是，山東如同大連一樣，與朝鮮本土隔著黃海相望。而遼寧與山東都是江澤民集團的重要窩點。

遼寧是包括薄熙來、徐才厚、李長春等人在內的江派「遼寧幫」的老巢；十八大以來，遼寧官場持續被清洗。現任遼寧書記是習近平的親信李希。

2017年中共兩會期間，3月7日，習近平參加遼寧代表團審議。這是習近平上位後第二次在兩會期間赴遼寧團參加審議，2013年習近平上位頭年，遼寧團就是他「下團」行程中的一站。這顯示習對遼寧官場的重視。

江派常委吳官正與張高麗曾相繼主政山東，而當年魯能事件牽涉曾慶紅家族。山東作為被江派人馬長期掌控的窩點，不僅殘酷迫害法輪功學員，更成為江派策劃暗殺胡、習陣營人馬的據點。2006年至2009年，胡錦濤至少三次險遭江派人馬暗殺，兩次均發生在山東青島。

就在4月1日，江派地方大員、山東省委書記姜異康被免職，國家審計署審計長劉家義接任山東書記。姜異康在中辦任職期間，江派二號人物曾慶紅時任中辦主任，正是他的頂頭上司。

3月28日，江派常委吳邦國前大祕、山東常務副省長孫偉調任甘肅省委副書記。4月11日，山東省委副書記龔正出任山東代省長；龔正據稱是中財辦主任劉鶴的妹夫，而劉鶴被認為是習近平的主要智囊之一。

另外，包括遼寧在內，與朝鮮接壤的東北三省，以及與朝鮮隔海相望的河北、天津等省市官場也已被清洗；習當局相關震懾

動作不斷。

4月1日，江派地方大員、黑龍江省委書記王憲魁與姜異康同日被免職，河北省長張慶偉接任黑龍江省書記。

吉林是以江派常委張德江為首的江派「吉林幫」的老巢。兩會前夕，2月底，王岐山的「打虎」得力幹將葉青純帶隊進駐吉林省，展開為期兩個月的「回頭看」巡視，至今巡視尚未結束。

4月1日晚，習近平當局在沒有任何官方預兆的情況下突然宣布設立河北雄安新區，官方定性稱「雄安新區是繼深圳經濟特區和上海浦東新區之後又一具有全國意義的新區」，並提到了「千年大計、國家大事」的高度。

習近平在十八大上台後推出被稱為「一號工程」的京津冀一體化工程；設立河北雄安新區，應該是習推動「一號工程」的最新動作。

十八大以來，京津冀黨政一把手幾乎都已換人，僅剩中共北京書記郭金龍還在任，也面臨到齡卸任。中共天津書記孫春蘭早在2014年底調任統戰部長；周永康的馬仔、河北書記周本順2015年7月落馬；天津市長、代書記黃興國2016年9月落馬；江派大員、北京市長王安順2016年10月被調任閒職。習陣營人馬趙克志、蔡奇、王東峰等人先後接掌三省市的黨政一把手職位。

遼寧、山東等江派窩點涉朝鮮核武與貿易

近幾十年來，朝鮮金氏政權一直受中共江派操控，江派大員周永康、曾慶紅、張德江、劉雲山、張高麗與朝鮮金家的密切關係不斷被披露。而上述被清洗的江派窩點中，吉林是張德江的老

巢；張高麗曾先後主政山東、天津；周永康出身於遼寧幫。

一些報導與分析均指向江澤民集團要員涉及朝鮮核武發展；上述江派窩點也牽涉其中。

2016 年 8 月，習近平、王岐山引爆遼寧賄選案，並與美韓同步披露遼寧女商人馬曉紅涉朝鮮核武案。

9 月 21 日，韓媒 Daily NK 披露，馬曉紅涉嫌把聯合國制裁協議禁止的軍需物資與設備偽裝成其他物品走私到朝鮮，她 9 月初已被逮捕，目前正接受調查；馬曉紅供出了丹東市幾十名官員，事情不會簡單了事。

韓媒 9 月 28 日、29 日披露，遼寧丹東有 15 至 16 個像鴻祥一樣幫助朝鮮洗錢、祕密幫朝鮮購買聯合國制裁物品的企業。不少在丹東進行朝中貿易的企業人士遭到當局的調查。

10 月 25 日，美國有關人士披露，美國當局其實已掌握馬曉紅是中聯部的人，是中共打著民間名義與朝鮮進行「外交」的棋子之一。

據接近中南海的消息人士向《大紀元》透露，馬曉紅傳是中共江派常委張德江的情婦兼王牌特工，與中共江派和朝鮮高層都「淵源極深」，是張德江疏通和朝鮮關係的重要樞紐。中共江澤民集團支持朝鮮發展核武，具體就是由中聯部安排馬曉紅執行。

在朝核危機升級之際，朝鮮建軍節前夕，習近平到訪遼寧，是否與馬曉紅等人涉朝鮮核武案的處理有關，值得關注。

另外，山東與朝鮮海上貿易密切。山東日照港是大陸新興的沿海主要港口。日媒曾報導，它是朝鮮主要出口產品煤和鐵礦石在大陸的卸貨基地。

2017 年 3 月 23 日，山東日照港集團常務副總經理臧東生被

「雙開」，日照港集團前財務預算部部長呂傳田、日照港進出口貿易有限公司前黨支部書記、經理朱同興被立案審查。

2016 年 12 月 29 日，日照港集團前董事長杜傳志落馬，當時杜為該市國資委黨委書記。現年 55 歲的杜傳志在日照港工作 30 多年，2016 年 11 月從日照港集團董事長調任市國資委書記。

日照港集團於 2003 年 5 月由原日照港務局、嵐山港務局企業部分聯合設立，是一個擁有「港口業務、物流與貿易、建築與製造、綜合服務」四大業務板塊的現代化企業集團。

與朝鮮經貿往來頻密的日照集團高層接連落馬，或與馬曉紅案類似，應是習當局清洗涉朝鮮核武與貿易的江派政商圈的布署之一。

習近平緊急與川普會晤後，中美聯手解決朝核危機的行動加速，而從習陣營上述動作顯示，在此之前，習已先行全方位清洗、布控與朝鮮陸地接壤或海域相望的江派窩點。朝鮮建軍日前夕，習近平、李克強又分別到遼寧、山東「坐鎮」。這些動作連環布署，表明習當局的目的不一般。

十九大前夕，習近平力圖清除江澤民集團操控朝鮮金正恩政權進行核恐嚇的風險，信號已很明顯。接下來，在外交上，習陣營與美、日、韓聯手遏制朝鮮核試驗、制裁，乃至終止或掌控朝鮮核武的行動料將繼續推進；在國內，習陣營清洗江派涉朝核的政商圈勢力的力度料將加大，以求最終切斷江派勢力對朝鮮核武的操控。金正恩的命運與江澤民等江派大佬的命運捆綁在一起，均已岌岌可危。

第十二章

美航母到位
北京下通牒

種種跡象顯示，美、韓、中正在多條路線同步行動，步步施壓，緊逼朝鮮；朝鮮半島局勢緊繃，隨時有破局的可能，而「斬首金正恩」行動既可能是朝鮮半島局勢破局的結果，也可能是朝鮮半島局勢破局的引爆點。

應對朝鮮半島緊張局勢，2017 年 5 月 3 日，美國「卡爾文森」號航空母艦在朝鮮半島東部海域進行演習，展示強大軍力，威懾朝鮮。（US Navy via Getty Images）

第一節

美國做好軍事準備
北京向朝鮮下通牒

美國參議院全部 100 名參議員，於
2017 年 4 月 26 日下午赴白宮參與川
普召開的關於朝鮮局勢的簡報會。
（Getty Images）

　　2017 年 4 月，美國白宮、國會、軍方針對朝鮮核武問題，動作頻頻；並敦促中方與聯合國安理會制裁金正恩政權。美國白宮還透露北京已向朝鮮下通牒，要求朝鮮當局不要再進行核試。這預示，美、中等各方聯手解決朝鮮核武問題已是勢所必然，行動時間表應該不會拖得太久。在金正恩政權岌岌可危之際，外媒開始討論金正恩倒台後繼任人選以及朝鮮半島局勢走向話題。

白宮向國會通報朝核問題 美國或已做好軍事行動準備

　　4 月 26 日下午，美國參議院全部 100 名議員聚集在白宮行政

辦公樓的一間會議廳裡，聽取由美國國務卿蒂勒森、國防部長馬蒂斯、國家情報總監科茨和參謀長聯席會議主席鄧福德一起主持的關於朝鮮核武問題的機密通報會。美國總統川普也短暫出席，他說這一會議是「非常重要」的一次活動。

蒂勒森等四人發表聯合聲明說，「朝鮮核問題是美國外交的最優先政策，美國將與盟國及區域內的夥伴們一起，通過經濟制裁和外交施壓，盡力消除朝鮮的核導開發與核擴散活動」；並強調「美國希望韓半島可以穩定，並和平地實現無核化，並將為此敞開談判的大門」。前一句談到了最大程度的施壓，後一句則談到了最大程度的干預（談判）。

副總統彭斯和參與通報的四名官員，隨後前往國會山對所有431 名現任的國會眾議員舉行另一場類似的閉門簡報。

當天，美軍太平洋司令部司令哈里斯在眾院軍事委員會聽證會上透露，開赴朝鮮半島的核動力航母「卡爾文森」號「已抵達沖繩東側海域，處於一旦下令即可對朝發動攻擊的範圍」，艦載戰鬥機兩小時即可飛抵朝鮮本土，維持了對朝鮮的軍事壓力。

哈里斯上將還透露，「薩德」系統「將在未來幾天內投入運作，能夠對韓國提供更好的防衛」。

美國空軍 26 日公布，在西部加利福尼亞州的基地進行了「民兵 3」型洲際彈道導彈的發射試驗，美國海軍則在網頁上發布了正在開展聯合訓練的「卡爾文森號」航母和日本海上自衛隊兩艘護衛艦的照片。

出席通報會的參議員泰得、克魯斯（共和黨）表示：「（會上）感受到政府已經做好（在威脅逼近時）採取軍事行動的準備。」

當天，白宮高級官員向媒體表示：「你們已經看到，美國以

外交及信息管道作為（回應朝鮮的）首選，同時經濟制裁和軍事行動也已經在準備中。」

4月27日，川普接受路透社專訪時表示，朝鮮是一個巨大的全球性挑戰，美國政府的策略是在準備各種經濟制裁措施的同時，也不排除動武的選項，「我們希望通過外交解決，但這會非常困難」。

川普表示，美國和朝鮮之間非常可能發生「很重大、很重大的衝突」（major, major conflict）。

4月28日，美軍參謀長聯席會議主席表示，核動力航空母艦「卡爾文森號」稍後抵達朝鮮半島對開海域，是對朝鮮領袖金正恩發出明確的警告訊號。

當天，蒂勒森在聯合國安理會主持有關朝鮮核威脅的會議。他警告朝鮮核威脅迫在眉睫，敦促安理會對朝鮮採取新制裁措施，不要「坐等平壤的下一步」。他也呼籲國際社會全面執行聯合國制裁決議，以及中止或降低與平壤的外交關係。

蒂勒森還向媒體表示，美國不排除和朝鮮直接對話，但前提是朝鮮必須表明願意放棄發展核項目。

美國媒體透露，美國眾議院可能最快下星期表決法案，向朝鮮實施進一步制裁，目標將針對朝鮮航運業以及與朝鮮有生意往來的公司；並要求政府決定，是否把朝鮮列為支持恐怖主義的國家。

美國政府將全體參議員邀請到白宮就某個特定問題召開發布會，並由外交、安全、情報部門部長發表聯合聲明，堪稱史無前例之舉。美國軍方的全方位布署及強硬表態，顯示美國對朝鮮半島的軍事行動準備工作已近完畢。川普表態，美國和朝鮮之間非常可能發生「很重大、很重大的衝突」，為美方的下一步行動留下懸念。

北京向朝鮮下通牒 川普透露習「希望能做一些事情」

4月24日，習近平和川普再度通電話一小時，就朝鮮半島局勢交換了意見。這是「川習會」後兩人第二次通電話。中美元首互動之頻密過去少見。

據韓媒披露，川普在24日與習近平的通話中，高度評價了近期中方對待朝核問題態度上所取得的進步，強調「繼續進行核與導彈開發的朝鮮已不再是中國的戰略資產而是負擔」。

4月27日，川普接受路透社專訪時對習近平讚不絕口，說「我相信他現在非常努力，他當然不想看到（朝鮮戰爭引發的）亂象和死亡。他不想看到這些。他是好人，他是非常好的人，我非常了解他」。「當然我也知道他很愛中國和中國人，我知道他會希望能做一些事情，儘管有可能他做不到。」

川普在專訪中也回應了台灣總統蔡英文早先同樣接受路透社專訪時發出希望和自己再次通話的提議。川普表示他不想在北京幫忙遏止朝鮮之際，為習近平添麻煩，「我和習近平建立了非常好的個人關係，我相信他在盡自己的力量幫忙我們解決一個大問題（朝鮮），所以我肯定會希望（在和蔡英文通話之前）先和他（習近平）商量」。

當天，蒂勒森在接受《福克斯新聞》訪問時透露，北京當局已與平壤「溝通」過，要求朝鮮當局不要再進行核試。蒂勒森說：「事實上，我們也獲中方知會，中國已通知朝鮮，如果（朝鮮）再進行核試，中國將會自行採取制裁行動。」

4月27日，中方朝鮮半島事務特別代表武大偉訪日，與日本自民黨幹事長二階俊博舉行了會談。二階俊博表示：「希望中國

加強對朝施壓，不讓朝鮮橫行霸道。」

　　武大偉在會談中表示：「中國反對朝鮮擁核，中朝關係不同往日。」同時他也強調優先和平解決，不贊成包括武力的制裁。武大偉還表示，鑒於現在的朝鮮半島局勢，中日兩國有必要頻繁地交換意見。

　　武大偉 27 日晚與擔任日中友好議員聯盟會長的自民黨副總裁高村正彥等人在東京都內聚餐。高村敦促採取應對措施，稱「希望中國停止向朝鮮出口石油」。

　　日本內閣官房長官菅義偉 27 日也與武大偉舉行了會談。菅義偉在記者會上表示：「為了迫使朝鮮中止發射彈道導彈等挑釁行為，進一步對其施壓至關重要，而這需要中方採取建設性的行動和發揮建設性的作用。」他敦促中國發揮對朝影響力，進一步採取措施。

　　4 月 27 日，出席聯合國安理會朝鮮半島核問題部長級公開會議的中共外交部長王毅，在紐約會見了俄羅斯副外長加季洛夫。王毅表示，當前朝鮮半島局勢存在輪番升級甚至失控的危險，各方應全面完整落實聯合國安理會有關涉朝決議，遏阻朝核導開發進程。

　　4 月 28 日，大陸官媒發表題為《中朝關係或更糟糕，中國應有所準備》的社評。文章稱，隨著半島局勢進一步惡化，中朝關係很可能變得更糟糕。平壤希望北京縱容它開展核導活動，要求北京拒絕參加安理會制裁，這是中國決不能同意的。如果朝核問題持續發酵，最終半島生戰難以避免，將帶給中國更大的風險。

　　文章稱，反對朝鮮發展核導技術，中美雙方的共同利益是真實的。如果平壤繼續開展核導活動，中國支持安理會通過更嚴厲的對朝制裁決議也將勢在必行。

中方外交人員強調優先和平解決朝鮮危機，川普透露習「不想看到（朝鮮戰爭引發的）亂象和死亡」，這反應習近平力求非軍事方式解決朝核危機的態度。川普稱習「希望能做一些事情」，蒂勒森透露中方已向朝鮮下通牒、警告採取制裁行動，這暗示習近平當局的行動正在緊密布署之中。

武大偉直言「中朝關係不同往日」耐人尋味。大陸官媒稱，中朝關係很可能變得更糟，半島生戰或難以避免；結合近期中方軍隊的大規模異動，這表明習當局在進行非軍事行動遏制朝核危機的同時，對朝鮮半島戰爭風險也已在積極備戰之中。

美媒放風金正恩倒台後繼任人選

美國川普政府與日韓聯盟，在完成軍事布署之際，敦促中方及聯合國安理會加強制裁朝鮮；習近平當局也在緊鑼密鼓地行動，制裁、施壓朝鮮。這預示解決朝鮮核武問題已是勢所必然。

美國大軍壓境，不會曠日持久地進行無謂的軍事消耗；中國國內面臨十九大換屆，習江鬥局勢升級。中美聯手解決朝核危機的時間表應該不會拖得太長。金正恩政權岌岌可危，隨時面臨變局的可能。

4月25日，美國《國家利益》發表文章《朝鮮政權變更之後：誰來接手？》分析稱，在任何情況下，推翻金正恩都不是結果，那只是開始。平壤突然的權力真空必須被馬上填補，以阻止朝鮮滑向混亂，混亂也很有可能會出現在中朝邊界。

因此，朝鮮需要有一個後金正恩時代的遊戲規則。而其中的一個解決方案，可能在金正恩的長兄、親華的金正男之子金韓松

（Kim Han Sol）身上。

文章還說，金韓松是金家家族的一個分支，該分支同朝鮮的庇護國——中國，一直保持著友好關係。如果金韓松擔任了平壤領導人，他甚至還有可能提出一個同韓國聯盟的方案，作為最終統一的跳板。

文章強調，金正男2月13日被謀殺後，金韓松、他的母親以及他的妹妹都消失得無影無蹤。希望他還在中方的保護之中。如果是這樣，美國或許希望謹慎地同中方討論一個應急計畫，即如果朝鮮發生政權崩潰，將金韓松扶持上位。這位年輕人或許是避免混亂的最佳希望。

4月25日，大陸《學習時報》前副總編鄧聿文在《金融時報》撰文稱，幾十年來的對朝援助帶來的是朝鮮核武的開發及中方戰略環境的惡化。朝鮮已經喪失平穩轉型的一切可能性，最終等待它的必然是崩潰，只是時間早晚而已。

文章表示，中方應順應歷史潮流，主動推進以韓國為主導的半島統一進程，以確保在朝鮮潰敗之時，國家利益和人民福祉的損失能夠減到最少。

兩篇文章遙相呼應，不僅顯示金正恩政權的潰敗已無太多懸念，也表明後金正恩時代的朝鮮半島局勢走向已成為外界關注的國際關係焦點話題。

朝鮮核武危機最終會以和平方式還是軍事方式解決，還存在變數。可以預期，在這一過程中，中、美等各方以何種方式、以多大力度參與解決朝鮮核武危機，不僅影響危機解決的進程，也將決定朝鮮半島未來局勢的走向。

第二節

中朝罵戰升級
中共高層兩種聲音對立

　　習近平與美國總統川普會晤及兩次通電話後，雙方聯手施壓、遏制朝鮮核武的意圖明顯。在美國大軍壓境、白宮密集釋放強硬信號之下，朝鮮金正恩政權卻叫囂依舊，並同北京當局展開罵戰。而中共高層圍繞朝核問題出現兩種聲音，再度浮現朝核問題背後的習江鬥因素。

中朝官媒罵戰升級

　　2017 年 4 月 30 日，美國國家安全顧問麥克馬斯特接受福克斯新聞採訪時表示，美國必須「準備好」對朝鮮採取軍事行動。他也呼籲世界其他大國來阻止朝鮮發展核武，並說朝鮮在「公開挑釁國際社會」。

同一天，美國參議員麥凱恩也在 CNN 節目《國情諮文》中表示，如果美國確定，朝鮮能將核武器安裝到彈道導彈上，就應考慮對其進行先發制人的打擊。他強調，排除可能的軍事行動是「愚蠢」的。

5月1日，朝鮮揚言要將其核力量提升至「最大化」，暗示將繼續進行核試驗。

韓媒報導，在5月2日微博上熱傳的帖文說，北京當局已經對朝鮮的軍事挑釁發出最後警告，稱一旦朝鮮再核試，中方將撤銷所有經濟合作，並封鎖朝鮮。

5月3日朝鮮中央通信社發文批評中共官媒《人民日報》與《環球時報》，稱有關要朝鮮放棄核武計畫的主張，不僅破壞中朝關係，還將使朝鮮半島緊張情勢升級。

文章稱，中方媒體把朝中關係惡化的責任全推到朝方，以此來為北京配合美國的「卑劣行為」辯護；並警告「中國應考慮其魯莽的行動導致的重大後果」。

這是朝鮮多年來首次點名批評中國，在以往批評的文章中，朝鮮通常稱中國為「周邊國家」。

5月4日，大陸官媒《人民日報》海外版微信公眾號「俠客島」發表題為《朝中社，你批評中國的言論很無理》一文。

文章稱，朝中社上述文章與之前朝鮮官媒那些「暗示」相比，完全是論戰的架勢，對中方一些激烈的警告言辭，幾乎無異於決裂的宣言。文章還稱，中朝關係就是惡化了；朝鮮對朝核，以及當下半島局勢的認知和判斷，與中方的立場相去甚遠。

文章稱，朝中社社評透露出的最關鍵信息，就是朝鮮發展核武的頑固，就像已經中了蠱的人一樣，很難用理性去談。在朝核

風雲變幻之際，奉勸朝鮮，不要中了「核武器」的蠱。

同日，《環球時報》刊登評論員單仁平的文章。單仁平認為，平壤圍繞核問題陷入一種「非理性思維」，北京不必與平壤展開針鋒相對的論戰，只需表明關切和底線，明示朝鮮若再核試陸方會做出「前所未有的嚴厲反應」，說清楚後不必與平壤來回辯論。

朝核問題 中共高層兩種聲音對立

同期，中共內部就朝核問題也出現兩種聲音。5月1日，中共人大外事委員會主任委員、社科院國家全球戰略智庫首席專家傅瑩撰文《朝核問題的歷史演進與前景展望》，並由美國智庫布魯金斯學會發表。

在文中，傅瑩為朝核描述了三種前景：一、外界制裁，朝鮮以核試驗和試射導彈反彈，然後再制裁、再反彈，陷入惡性循環；二、朝鮮政權垮台，但這「短期內是不現實的」；三、重啟可能緩和，甚至會解決核問題的對話和談判。但這只是「可能」，還需要各方接受「朝核問題日益升級的現實」、「不設先決條件」地重啟對話。

5月3日，中國亞非發展交流協會理事曹辛在英國《金融時報》中文版發表題為《「朝核無解論」不可取》的文章，對傅瑩的觀點進行駁斥。

文章稱，按照傅瑩的描述，唯一符合邏輯的結論是，朝核問題在當前形勢下基本無解，出路幾乎只能是「默許朝鮮擁核」。文章認為，傅瑩觀點中「既要無核化，又要不戰不亂」的提法，是混淆了目標和手段，難以實際操作。就半島實際情況看，顯然

應該確立的目標是「無核化」；若確立「無核化」為目標，有時候恰恰需要以「戰」和「亂」才能實現「無核化」。

曹辛在文章的最後還指，「朝核無解論」與中方的立場、正在採取的行動在邏輯上「矛盾」，會在國內、在中美之間乃至國際社會「造成困惑」，從而不利於朝核問題的緩和與最終解決。

文章稱，所謂「朝核無解」的觀點，與客觀事實不符。朝鮮近期雖然出現「反彈」，卻一直不敢逾越兩條底線：核試驗和試射遠程導彈。這表明中方制裁和美方軍事威懾已經起到至關重要的作用。

曹辛任職的中國亞非發展交流協會，隸屬於中共外交部。曹辛文章還特別提到，外交部門「在習近平本人的帶領下」，與川普達成共識。而傅瑩現任人大外事委員會主任委員、社科院國家全球戰略智庫首席專家；其中主掌人大的是江派常委張德江，而社科院隸屬另一名江派常委劉雲山主管的文宣系統。

圍繞朝鮮核武問題，習江兩派公開對立的局面已昭然若揭。朝鮮核武被披露是中共江派扶持、發展。近些年當局勢敏感時刻，江派操控朝鮮金家政權進行核恐嚇，已成為其攪局與先後對抗胡習當局所進行反撲的殺手鐧。

此次習與川普聯手，美國大軍壓境的背景之下，朝鮮金正恩政權仍叫囂不已，並點名批北京當局，罵戰不斷升級；傅瑩則拋出「朝核無解論」，為朝鮮金正恩政權撐腰。這說明江澤民集團在其最後且最有威脅的反撲手段——核恐嚇——面臨被廢的情況下，所做出的拚死反撲，企圖繼續捆綁並恐嚇習當局。

針對江派的攪局、反撲，習當局會否採取實際行動強勢回擊，以盡快廢除江派的核恐嚇手段？答案應該不久會揭曉。

第三節

「斬首金正恩」行動
正祕密進行？

2017 年 5 月 5 日，朝鮮國家安全部發布聲明，聲稱朝鮮挫敗了一個企圖用生化武器殺死金正恩的「邪惡陰謀」，刺客是一名姓金的朝鮮公民，並有一個中國同謀。（新紀元合成圖）

美國展示軍力 通過嚴厲制裁朝鮮的新法案

聯合國國際原子能機構（IAEA）總幹事天野之彌（Yukiya Amano）2017 年 5 月 4 日接受德國媒體 Suddeutsche Zeitung 採訪時表示：「具體證據顯示，朝鮮已在準備第六次核試驗。」IAEA 引用的證據包括衛星圖像、開放共用信息和貿易數據等。

應對朝鮮半島緊張局勢，5 月 3 日，美國海軍通過官方推特公布了當天「卡爾文森」號航空母艦在朝鮮半島東部海域進行演習的視頻，展示強大軍力，威懾朝鮮。

5 月 4 日，美國國會眾議院以 419 票對 1 票的懸殊比數，通過嚴厲制裁朝鮮的新法案，要求川普政府在 90 天內向國會提出

報告，說明是否應再度將朝鮮列入支持恐怖國家清單。一旦朝鮮被列入，美國可以採行更嚴屬措施，包括限制外國援助。

中方空軍異動 朝鮮煤炭出口急劇減少

俄羅斯真理網 5 月 3 日發文稱，在朝鮮半島局勢日趨緊張之際，美國航母群在朝鮮半島周圍巡航時發現，中國大量戰機做好了戰鬥準備。美國把北京的行為視作試圖加快對朝鮮半島局勢出現緊急狀況做出反應。報導稱，大陸官方沒有解釋中共空軍為何這樣做，但是很有可能與中國軍演或者朝鮮半島緊張加劇有關。

聯合國的統計數據顯示，朝鮮 3 月份的煤炭出口急劇減少。5 月 6 日，美國之音報導，朝鮮 3 月份僅出口了 6300 噸煤炭。不過韓聯社報導，朝鮮煤炭出口量 3 月已降至 0。而 2017 年前兩月均在百萬噸以上。

2017 年 2 月起，習近平當局履行聯合國制裁決議全面叫停進口朝鮮煤炭。中共商務部在一則簡短聲明說，這一禁令符合 2016 年宣布的聯合國制裁，其執行對象涵蓋海關已接受申報，但尚未辦理放行手續的煤炭。

《華盛頓郵報》當時評論指：「這一令人驚訝的舉措將切斷平壤一條主要的金融生命線，大大加強聯合國制裁的效力。」

朝鮮以核武威脅中國 中方學者談如何防範

5 月 3 日，朝鮮官媒朝中社發文《不要再做亂砍朝中關係支柱的貿然言行》，嚴重警告稱，朝鮮已是最強的核國家，不要再無

謂地企圖考驗朝鮮忍耐的界限，否則將面臨可能帶來的嚴重後果。

5月6日，中美學者智庫研究員周方舟撰文《朝鮮可能攻擊中國的戰略目標及防範》。文章說：「中國對此言論要保持高度的警惕，做好中朝關係全面破裂和爆發戰爭的準備及應對，因為朝鮮已經公然以核武來威脅中國。」他認為，一旦中國與朝鮮發生戰爭狀態，朝鮮在喪心病狂的情況下，極有可能孤注一擲，動用核導彈和生化導彈對中國重大的戰略目標進行攻擊。

文章披露，朝鮮有一支全世界唯一的「髒彈部隊」，可使用自殺式「髒彈」攻擊。「它可派出多組特種部隊化妝成平民或難民，然後分散潛入中國，他們都攜帶背包式核廢料。他們的任務是在人口最稠密的城市引爆致命的核背包，造成大規模的核污染。」

近期，中朝官媒罵戰不斷。此次，朝鮮更公然以核武來威脅中國；而中方學者公開談論可能遭到朝鮮核導彈和生化導彈襲擊的中國戰略目標及防範措施。中朝輿論戰已然升級。

「斬首」金正恩消息再度傳出

5月5日，朝鮮國家安全部發布聲明，聲稱朝鮮挫敗了一個企圖用生化武器殺死朝鮮最高領袖金正恩的「邪惡陰謀」。

聲明說，得到美國中央情報局和韓國情報機構支持的一個組織準備利用參加錦繡山太陽宮遊行等活動，用放射性和納米類生化物質刺殺金正恩，並說這種攻擊方式無需接近目標，六個月到一年後才會生效。刺客是一名姓金的朝鮮公民。

聲明稱，韓國國家情報院院長李炳浩「評價金某是『非常重要的人物』，親自組織了暗殺行動，下達了80餘次實施行動的

殺人指令。」聲明還稱，該刺客有一個中國同謀，這名中國人叫徐觀海（音譯 Xu Guanghai），是 Qingdao Nazca Trade Co. 貿易公司的法人代表。

朝鮮安全部還說，金姓刺客多次接觸一名韓國情報人員和這名徐姓中國同謀，並獲得 12 萬美元和衛星通信設備，分別於 2016 年 1 月、5 月、8 月、9 月被告知行動名稱、生化暗殺手段、對象等，還命其蒐集情報等。聲明稱，這個刺殺陰謀等於是「宣戰」，朝鮮將對此展開「毫不留情」的報復措施。

韓國政府官員對此表示了否認，稱「這只是朝鮮的主張，不了解相關內容」，隨後指出，「2 月馬來西亞發生金正男（金正恩同父異母長兄）被毒害恐怖事件後，國際社會打算再次將朝鮮指定為支持恐怖主義國家，朝鮮此舉出發點可能是對此做出回應」。

朝鮮半島局勢緊張以來，美韓準備「斬首」金正恩的消息頻頻傳出。值得關注的是，朝鮮官方此次聲明，不僅點明這次刺殺金正恩的行動由美國中央情報局和韓國情報機構支持，並特別提到金姓刺客有一個中國同謀。

4 月 5 日，韓媒披露，韓國和美國正在大力推動在朝鮮半島有事時將以無人機（UAV）、特種部隊、匿蹤戰機等「三匕首」，在最短時間內剷除朝鮮領導階層的「斬首行動」方案。

韓國軍方高級官員表示，「斬首行動」的核心是，一旦捕捉到朝鮮的核攻擊徵兆，就用「三匕首」首先剷除朝鮮的領導層，使朝鮮的戰爭執行能力癱瘓，並讓其下屬部隊感到衝擊和恐懼。

4 月中旬，韓媒報導，曾擊斃「基地」組織頭目本·拉登的美軍特種部隊「海豹突擊隊第六隊」，正加緊演練「斬首」金正恩行動。

4 月 17 日，美國福克斯新聞網在題為《基恩上將：中國有著暗殺金正恩的禁忌選項》的報導中指，美國退役上將基恩（Jack Keane）表示，為了阻止朝鮮的洲際導彈核威脅，北京當局有著暗殺朝鮮領導人金正恩的選項。

基恩也表示，北京採取這種行動的可能性微乎其微，這話題也過於忌諱，北京當局不太可能與其他國家在外交上談論。但是他也說，如果金正恩真的被暗殺的話，這可能會導致朝鮮發生軍事或者其他類型的政變，而這可能會帶來一位更好的領導人。

早在 1 月 4 日，韓國國防部表示，將於 2017 年建立一支「特種」部隊，其任務是在朝鮮半島爆發戰爭時，襲擊和處死包括金正恩在內的朝鮮領導階層人物。

2016 年 10 月 6 日，曾任中國清華大學教授的美國哥大國際公共政策研究學院教授孫哲，參加在美國華盛頓舉辦的「2016 東北亞和平合作論壇」時透露，大陸學者和當局者中出現了支持美韓剷除朝鮮金正恩或者對朝鮮採取「外科手術式」打擊的意見。

美國退役上將基恩的媒體採訪及朝鮮國家安全部的聲明，不僅進一步佐證了中方「斬首金正恩」行動的可能性，也暗示中方或已與美韓聯手展開「斬首」行動。

美國大軍壓境之下，美國與中方對朝鮮的制裁升級；中朝罵戰不斷攀升，上升到公開談論核武威脅的層面；敏感時刻，傳出美韓及中方「斬首金正恩」的行動計畫……這種種跡象顯示，美、韓、中正在多條路線同步行動，步步施壓、緊逼朝鮮；朝鮮半島局勢緊繃，隨時有破局的可能，而「斬首金正恩」行動既可能是朝鮮半島局勢破局的結果，也可能是朝鮮半島局勢破局的引爆點。

第十三章

朝鮮成功發射導彈
和病毒攻擊

朝鮮 2017 年 5 月 14 日又發射一枚彈道導彈。美國總統川普稱，就在此前幾天，中美已達「驚人協議」，並暗示「一兩個月後會發生大事」。有猜測認為此驚人協議或指中美將發布超強硬的制裁措施。

朝鮮官媒宣稱，朝鮮 2017 年 5 月 14 日成功試射的飛彈是中長程新型火箭「火星 12」（Hwasong-12），試射目的是為了確認導彈攜帶核彈頭能力。（AFP）

第一節

朝中程導彈與中美驚人協議

朝鮮在當地時間 5 月 14 日（周日）早上又發射了一枚彈道導彈，落在俄羅斯附近海域，這次發射發生在美國總統川普表示願意和朝鮮對話，以及韓國新總統文在寅上任的幾天後。

15 日朝鮮宣布，已成功試射一枚中長程飛彈，試射目的是要確認攜帶一個「又大又重核彈頭」的能力。美軍太平洋司令表示，朝鮮發射的導彈類型「不符合洲際彈道導彈」。

朝鮮中程導彈 進展了一大步

據福克斯新聞（Fox News）報導，5 月 15 日，在朝鮮領導人金正恩再次試射導彈的第二天，朝鮮國家通訊社 KCNA 報導說，美國大陸和美國在太平洋的軍事布署都在朝鮮武器射程範圍之

內。該通訊社還宣稱，該導彈試射是為了確認「能夠攜帶大型重型核彈頭」。

美國國家安全委員會發言人告訴福克斯新聞說：「我們正在監視」。一位高級行政官員表示，鑒於朝鮮傾向於誤導和誇張的宣傳，白宮正在小心評估朝鮮的最新消息。不過，該官員說，如果最新的信息是真實的，那麼這將是一個值得關注的事情。

也有美國官員告訴福克斯新聞，這次試射的導彈，時間上比以前任何的彈道導彈試射多了四分鐘。平壤 14 日的發射技術向前邁進了一大步。

韓國國防部長韓民求表示，朝鮮 14 日的試射導彈「成功飛行」。他說：「與不斷失敗的舞水端導彈相比，這次試射的導彈被認為是增強機芯的 IRBM（中程彈道導彈）。」這類導彈的飛行距離可達 3000 至 4000 公里（1860 到 2485 英里）。

據朝鮮官媒報導，14 日的測試導彈在朝鮮和日本海域（也稱為東海）飛行 787 公里（489 英里），在俄羅斯東部海岸附近降落。

美國官員表示，這枚導彈落在俄羅斯東部距離海參崴 60 英里（約 100 公里）的水面。但俄羅斯方面表示，導彈距離其海岸 310 英里（500 公里）。

俄羅斯總統普京 15 日譴責這次試射「適得其反，有害，危險」。但他也警告，不要「恫嚇」平壤。

薩德探測到朝鮮最新導彈試射

5 月 16 日，韓國國防部長表示，布署在慶尚北道星州的「薩德」反導系統兩天前成功探測到朝鮮在 14 日發射的中長距離彈

道導彈（IRBM），且朝鮮導彈計畫進展速度超過預期。

　　這是「薩德」雷達首次在實戰狀況下發揮功能。聯合國安理會則要求朝鮮停止所有的核彈和導彈試驗，並譴責 14 日的導彈試射。

　　韓聯社報導，韓國國防部長韓民求表示，「薩德」系統從 5 月 1 日起具備初步使用能力。本次導彈的相關信息係韓方依據自己的情報資產獲得，星州雷達的探測結果由美方告知。這意味著韓美兩國軍方關係緊密，分享「薩德」作戰運用情報。

　　駐韓美軍布署的「薩德」雷達是為了探測、追蹤敵方導彈飛行軌跡，以確保攔截。星州高爾夫球場「薩德」基地內目前布署了一台雷達和兩個車輛型移動式發射炮台（TEL），其餘四個炮台位於韓國其他美軍基地內，將待星州高爾夫球場基地施工結束後運抵。

文在寅提方案 美方「擰緊螺絲」

　　應美國、日本和韓國要求，聯合國安理會 5 月 16 日緊急開會討論朝鮮再次試射導彈問題。隨後，安理會發表聲明說，如果朝鮮一意孤行，將「採取包括制裁在內的進一步重大措施」。聲明還敦促所有聯合國成員國迅速且認真地履行過去的制裁決議，並表示對各方通過對話、全面和平解決問題的努力表示歡迎。

　　韓聯社報導，韓國總統文在寅預計 6 月底與川普舉行首腦會談，距離上台僅一個月，創下韓國總統上台後最快進行韓美首腦會談的紀錄。

　　據分析，韓美首腦會談加快進行的背景是不斷升級的朝鮮核

問題，有必要盡快規劃解決問題的路線圖。文在寅對朝鮮無核化已經提出了多方面、分階段的解決方法，而和美國取得協議非常重要，因此新政府的首要課題便是與美國互相確認對合作解決朝鮮核問題的意志。

白宮新聞發言人斯派塞 5 月 13 日表示：「朝鮮一直是公然威脅，時間已經太久了……呼籲所有國家對朝鮮實施更強有力的制裁。」

美國駐聯合國大使黑利（Nikki Haley）14 日表示，美國及其國際夥伴將繼續對朝鮮「擰緊螺絲」，並指責朝鮮領導人金正恩為追求洲際核武器，測試了另一枚彈道導彈。

黑利說，這也表示金正恩「處於偏執狀態」。她說：「他非常關心他周圍的任何事情，我們要做的是繼續擰緊螺絲。他感覺到了。」

黑利表示，現在是許多國家「一致發出強有力信息的時候了，告訴朝鮮這是不能接受的，我想你會看到國際社會這樣做」。黑利還在推特上留言道：「朝鮮的行為沒有辯解藉口。（導彈）靠近俄羅斯領土。中國不能期待對話。這個威脅是真實的。」

黑利表示美國考慮提高對朝鮮新制裁的可能性，石油進口可能成為下一步的制裁目標。

川普：中美達成「驚人協議」 未來一兩月有大事發生

就在朝鮮 14 日再次試射導彈的前一天，川普稱，中美已達成「驚人協議」，並暗示「一兩個月後會發生大事」。

美國當地時間 5 月 13 日，福克斯新聞報導，川普受訪時表示，

「5 月 11 日，美中兩國曾進行了驚人協議（incredible deal）」。

該採訪是 5 月 12 日在白宮進行的。川普當時在回答福克斯新聞主持人吉尼・皮勞一些帶有攻擊性的提問。她問川普，像撤銷奧巴馬醫改等那樣認真履行的競選承諾還有哪些。

川普回答，「我給您舉個例子。我們昨天晚上 11 時與中國達成了驚人協議。但今天（5 月 12 日）新聞頭版卻刊登了重要度不及於此的新聞。這非常不公平。」

川普表示，他希望（美中兩國）迅速發布相關結果。

此外，川普在採訪後半部就朝鮮問題表示，「雖然現在不能說，但我們有一些非常棒的想法。」5 月 12 日川普在接受播出的 NBC 廣播採訪時也表示，「對於一兩個月後會發生什麼事，請大家拭目以待」。

韓國《中央日報》引述華盛頓的一位消息靈通人士表示，雖說川普經常使用比較誇張的表述，但此次他自稱是「驚人協議」，並且是需要在深夜 11 點達成的協議，那真有可能會出現意外的「驚喜」。

川普之前經常就一些官方「機密」議題發出某種暗示。比如：4 月 20 日，川普在與意大利總理真蒂洛尼（Paolo Gentiloni）進行聯合記者會時表示，「就在兩三個小時前，（中國）就有非常異常的舉動（unusual move）」。有分析稱，這是指中方阻止朝鮮進行核試驗。因此有推測稱，此次川普的「晚上 11 點的驚人協議」也可能是與朝鮮相關的緊急內容。

《中央日報》分析，川普可能在中方的斡旋下與朝鮮找到了外界談判的接觸點。近來川普附加了「適當情況」的條件，暗示與朝鮮進行對話的可能性。朝鮮外務省北美局局長崔善姬在 5 月 13 日結束與美國的 1.5 軌（半官半民）對話後，也對外表示「只

要條件成熟，就會（與川普政府）進行對話」。

也有猜測認為，中方或與美方達成協議，即將發布超強硬的對朝鮮制裁（比如切斷原油供給等）。

北京處於兩難中

《華爾街日報》報導，5 月 11 日，美國中央情報局長蓬佩奧（Mike Pompeo）在美國參議院聽證會上發表演說時表示，在朝鮮核問題上，川普政府已贏得中方的「新合作」，並暗示北京將採取更多措施。

北京一方面配合華盛頓，收緊對朝鮮的經濟制裁，另一方面極力呼籲「各方克制」，甚至聲稱「1％的戰爭可能性都不允許」。

目前北京處於一種兩難困境，既不希望朝鮮半島出現軍事衝突，又無法對朝鮮玩弄核威脅的危險意圖加以有效控制，確有束手無策之虞。

川習會後，中方官媒通稿中稱，習近平在會晤中指出，「我們有一千條理由把中美關係搞好，沒有一條理由把中美關係搞壞。」「合作是中美兩國唯一正確的選擇，我們兩國完全能夠成為很好的合作夥伴。」

不過，朝鮮的再次發射，讓人意識到，在發射前，美國衛星就能看到朝鮮核基地的異常行動，就能預測到朝鮮將採取新的挑釁行動，於是，美國提前兩天與北京商量，在一兩個月內對朝鮮採取新的行動。

看來北京很可能會中斷對朝鮮的石油供應，與此同時，從各個方面給朝鮮施加壓力，最後逼迫金正恩以服輸的心態走上談判桌。

第二節

朝鮮發動勒索病毒攻擊

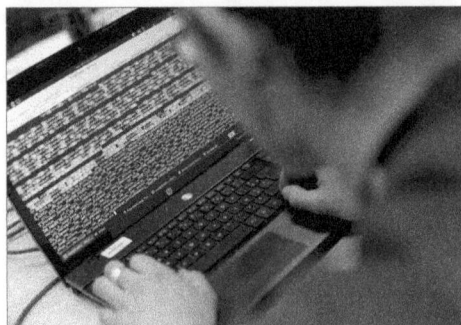

來勢洶洶的「勒索病毒」WannaCry
共涉及 150 個國家，導致約 30 萬台
電腦受感染。（AFP）

2017 年 5 月 12 日，就在習近平在北京召開一帶一路峰會的前兩天，也是金正恩發射中程導彈火星 -12 的前兩天，一款名曰 WannaCry（想哭）的勒索病毒軟件在全球電腦肆虐，三天內波及至少 150 個國家及地區、30 萬個受害者。其中俄羅斯、烏克蘭、台灣、西班牙、日本等地為重災區；英國公立醫院系統部分電腦系統中招，一度癱瘓醫院服務；印尼雅加達一間醫院有 400 部電腦受感染，無法登入病人紀錄。美國聯邦快遞公司（FedEx）和中國多家大專院校和加油站等，也都淪為受害者。

中毒電腦勒索信中文版流暢幽默

中毒電腦桌面會顯示一封勒索信，可以選擇顯示語言，包括

中文、韓文、日文、英文等多國語言。信中內容為，若要解鎖你電腦上的檔案，請付 300 美元（約 2100 元人民幣）等價的比特幣，若一周內不付款，文件就永遠無法恢復。

比特幣是一種難以查到付款人的網路貨幣。儘管全球有 20 多萬台電腦中毒，但只有 230 多人支付了贖金，付款 7 萬美金，但付款後仍然無法打開文件。人們認定這種想哭病毒軟件，其目的不光是勒索，更多的是製造恐慌。

看過勒索信的人發現，其中文版的文字流暢自然，且帶有獨創的「幽默」，而英文版卻很生硬，甚至有幾處句法和語法出現錯誤，在國外留學過的都寫得比這封信好。於是有人猜測，駭客是中國人，或至少團隊中有中國人。

英國年輕人終止病毒 有中國駭客阻撓

眼看病毒在迅速蔓延，英國一位電腦安全專家、22 歲的哈欽斯誤打誤撞，無心插柳般地阻止了病毒的蔓延。

哈欽斯發現勒索病毒使用一個未註冊的網功能變數名稱「kill switch」來散播病毒，他隨即註冊了該網域，在病毒肆虐幾小時後阻止其擴散。英國報紙評價說，他救了 10 萬電腦用戶。

哈欽斯表示，他註冊「kill switch」功能變數名稱時，懷疑有中國駭客試圖挾持功能變數名稱，妨礙他抗毒的努力。

哈欽斯警告說，「想哭」病毒可能包含後門程式，就算中招電腦已經修復，仍有可能被駭客輕易注入變種病毒。

勒索病毒 IP 來自朝鮮

當各國政府和安全專家在調查誰是想哭勒索軟體背後的推手時，發現了一個線索，由此認定病毒推手來自朝鮮。線索來自於相同代碼引起的關聯。谷歌安全研究員梅赫塔（Neel Mehta）發現：一大塊 WannaCry 的代碼與 Contopee 的代碼完全相同，而 Contopee 是拉撒路集團（Lazarus Group）使用的惡意軟體。

拉撒路集團與 2014 年對索尼的災難性攻擊相關聯，並且還攻擊了 SWIFT 銀行系統導致孟加拉國的一家銀行遭受網路盜竊，盜竊金額達到了創紀錄的 8100 萬美元。根據許多安全公司的以前的分析，拉撒路集團屬於朝鮮。

朝鮮軍方 121 局有 1800 名駭客

據韓國國防部報告稱，朝鮮駭客部隊自 1986 年起，在金日成軍事大學接受五年的大學電腦課程後布署在國防部總參謀部的指揮自動化局和偵察局，專責電腦大戰，入侵韓國、美國和日本的電腦系統，蒐集情報或發動電腦攻擊，同時也為了網路掙錢。

朝鮮人民軍 121 局被認為是負責駭客攻擊的單位，該局成立於 1990 年代末期，編制大約 1800 人，隸屬於軍方精銳情報機構偵察總局，2005 年開始在大規模運作。

121 局駭客常常會被派往中國，也有部分會派往日本或者歐洲。有報告指出，研究人員通過數字記錄追蹤來確定 121 局行為模式。據說 121 局經常使用一個獨特的惡意代碼用來掩蓋自己的痕跡。作為一個封閉的孤立國家，朝鮮的網路基礎設施非常落後，

其網路支援據稱由中國瀋陽提供。

《紐約時報》報導認為，朝鮮駭客網絡龐大，共有 1700 多名駭客，另有逾 5000 名受訓人員、主管和其他支援人手。為了避免外界懷疑，朝鮮駭客通常會在中國內地、東南亞及歐洲運作，並受到主管密切監控。

目前朝鮮駭客行動已襲擊過台灣、哥斯達黎加、埃塞俄比亞、加蓬、印度、印尼、伊拉克、肯尼亞、馬來西亞、尼日利亞、波蘭、泰國及烏拉圭等國家及地區的金融機構。

朝鮮駭客還曾成功入侵過韓國軍方網路。2016 年 9 月，朝鮮駭客突破韓國軍電腦網路樞紐國防綜合數據中心後，將資料偷走，其中包括應對朝鮮半島爆發全面戰爭的《作戰計畫 5027》等機密文件，而韓國軍方直到 20 天後才發現資料被竊。

此外，韓國警方在 2016 年 4 月對外披露，朝鮮已透過植入惡意代碼，入侵了 160 家韓國政府以及 SK 和韓進（Hanjin）集團的逾 14 萬部電腦。據統計，朝鮮對韓國的網路攻擊每天高達 1.5 萬餘次。

朝鮮民間互聯網十分原始

與駭客部隊咄咄逼人相比，朝鮮的民間互聯網顯得十分原始。

直到 2012 年，BBC 記者發現，整個平壤只有一家網吧。在那裡打開電腦不是熟悉的 Windows 開機畫面和聲音，而是朝鮮自研的一套名為「紅星」的操作系統，屬於 Linux 的朝鮮深度定製版。舊版「紅星」操作系統與 Windows 幾乎相同，新版的介面則酷似蘋果 OSX，所使用的瀏覽器為 Naenara（基於火狐瀏覽器改版）。

朝鮮在 2000 年前後搭建了供本國民眾使用的局域網——光

明網，朝鮮國內用戶只需到各電話分局辦理入網申請手續，即可通過電話線上網，瀏覽朝鮮的門戶網站，同時也有英文版。

這些網站主要提供官方的新聞服務，比如朝鮮之聲，和國家機關報刊《勞動新聞》；在這裡也有朝鮮版臉書（Facebook），不過，只能在上面發布生日資訊和一些祝福資訊。

早在 2014 年，CNN 報導稱，朝鮮全國只有 1024 個已知 IP 位址，且並非每個 IP 地址只針對一台電腦。據估算，2014 年，朝鮮全國的互聯網流量僅相當於美國 1000 戶高速網路家庭的流量。

中國人幫朝鮮從孟加拉偷出一億美金

拉撒路集團最讓人矚目的是，他們為朝鮮偷到一億美金。

2016 年 2 月，孟加拉國央行稱，其在美國紐約聯邦儲備銀行開設的帳戶遭駭客攻擊，被盜取約 1 億美元，資金隨後被轉至斯里蘭卡和菲律賓。孟加拉國有關部門從斯里蘭卡追回 2000 萬美元，但其餘的 8100 萬美元據信已流入菲律賓的賭場，不知去向。

美國聯邦調查局（FBI）經過長達一年的調查後，路透社在 2017 年 5 月引述知情人士透露，美國檢方正在準備訴訟材料，以指控朝鮮策劃並導演了這起帳戶被盜案。

《華爾街日報》報導，這些指控可能指向幾名中國的中間人，美國檢方相信這些中國人幫助朝鮮策劃了這起盜竊案。

《福布斯新聞》則援引一位熟悉此案調查人士的話說，美國檢方可能會比照處理中國女富商馬曉紅的方式處理這起盜竊案。

馬曉紅與朝鮮合資銀行 幫朝鮮洗錢

2016 年 9 月，美國司法部指控中國丹東女富商馬曉紅和其旗下的丹東鴻翔實業發展有限公司向朝鮮出口違禁商品，幫助朝鮮洗錢。美國財政部也採取行動，凍結了丹東鴻翔及其影子公司在 25 家紐約中資銀行的帳戶。

據此前媒體披露，丹東鴻翔的合作夥伴是朝鮮光鮮銀行，雙方在丹東合資成立光鮮分行，長期涉及違背朝鮮制裁禁令的洗錢與貿易。制裁公布後，光鮮分行的招牌已摘去，轉入地下運作。

丹東鴻翔並非是唯一與朝鮮合作的中國金融實體，光鮮也不是唯一涉及洗錢的朝鮮銀行。朝鮮大同信貸銀行、大成銀行與東方銀行等，都在中國丹東、大連和瀋陽設有辦事處。

據悉，2006 年起，朝鮮官員金哲三（Kim Chol Sam）擔任其中兩家銀行位於大連辦事處的負責人，註冊公司是大連大信電子，註冊名字是金鐵三。金哲三經常從事美元匯款和大宗現金交易，其中幾筆都在百萬美元以上，後來又在北京成立柳京商業銀行，服務客戶包括朝鮮軍火商。金哲三已被美國列入制裁名單。

有專家呼籲，紐約聯儲孟加拉帳戶的盜竊案的偵辦不該停留於馬曉紅模式，應該順籐摸瓜，抓出幕後的元凶。

三年前瀋陽七寶山酒店是朝駭客據點

2017 年 5 月的想哭病毒攻擊，並不是朝鮮第一次發動病毒戰，三年前就有了。

2014 年 11 月 24 日，索尼影業因推出電影《刺殺金正恩》

而遭到朝鮮駭客入侵事件。當時署名「和平衛士」（Guardians of Peace）的駭客組織公布了索尼影業員工的電子郵件，其中涉及該公司高管薪酬和索尼非發行電影拷貝等內容。

美國情報官員認為，這次網路攻擊獲得了朝鮮政府的資助。惠普公司則精確定位到攻擊來自於一家酒店的地下室，這家酒店就是馬曉紅的鴻祥實業與朝鮮官方企業合建的七寶山酒店。

2016 年 9 月 20 日，華盛頓高級國防研究中心（C4ADS）與首爾峨山政策研究院發布的聯合報告，不僅指稱鴻祥實業向朝鮮提供了總值 25 萬多美元的可用於核試驗的氧化鋁，還指七寶山酒店被懷疑是朝鮮網路軍 121 局的集結地，索尼影業遭駭客入侵據信與他們有關。

當時中共當局否認中方涉及朝鮮駭客攻擊，辯稱：中國好比就是提供了高速公路，至於上面跑什麼車並不知情。但從那時起，鴻祥實業及其創辦人馬曉紅就已經被美方有關機構鎖定。於是，朝鮮駭客再也不在中國領地發動病毒攻擊了，因為國際社會能從 IP 地址中找到他們，於是這次病毒攻擊的 IP 就在朝鮮了。

張德江的情婦馬曉紅願為朝鮮粉身碎骨

漢族出生，曾經是百貨商店售貨員的馬曉紅，在張德江不斷高升、直到進入政治局常委的過程中，也開始發達，她最後成為中國與朝鮮之間做貿易的最大公司的老闆。

馬曉紅曾說：「我願意為朝鮮事業粉身碎骨，與政治因素無關。在朝鮮發展事業是一種冒險。」

有消息說，馬曉紅後來成為張德江的情婦。她公開表示，願

意為朝鮮粉身碎骨、但與政治無關，那可能與愛情有關，她願意為張德江充當與朝鮮聯絡的地下第一人，因為對於張德江背後的大老闆江澤民、曾慶紅、周永康等人而言，朝鮮太重要了，是江派與國際社會討價還價、唱雙簧的王牌，而且還是政變失敗後的退路，有了核武，江派就誰都不怕了。

2015 年底鬧得沸沸揚揚的朝鮮牡丹峰罷演事件，有外媒分析認為，事件起因於劉雲山 2015 年 10 月出訪朝鮮時和金正恩布局，企圖利用牡丹峰演出「綁架」習近平當局默認朝鮮核武計畫。

總結來說，這次在習近平召開一帶一路、準備在國際媒體上風光一下時，江派卻利用朝鮮來給習搗亂，一方面讓想哭勒索病毒肆虐全球，同時給中國帶來巨大混亂，一方面暗中支持金正恩搞中程導彈發射，目的就是讓習近平的日子不好過。

「金盾工程」網路鎖國　大陸受害嚴重

「想哭」勒索病毒目前已經感染了 150 個國家的 30 多萬台計算機。在中國，受影響的範圍遍布多省交管部門、車站、自助終端、郵政、加油站、醫院、政府辦事終端等多領域。大陸校園網路成重災區。不少高校學生的電腦系統內的各種文檔都被鎖定，其中有許多學生的畢業論文，如要解鎖，必須付「贖金」。

5 月 13 日凌晨開始，北京、上海、杭州、重慶、成都和南京等多地，中石油旗下 2 萬座加油站突然斷網，因斷網無法刷銀行卡及使用網路支付，只能使用現金。此外，北京、上海、江蘇、天津等多地的出入境、派出所等公安網也疑似遭遇病毒襲擊。

據《紐約時報》引述官媒報導，總計有大約 4 萬家機構受到

影響。中國安全公司奇虎 360 的報告則顯示，有超過 2.9 萬個機構的電腦被感染。

自由亞洲電台引述一位業界人士透露，如果能連接到英國網路安全人員緊急註冊的一個功能變數名稱，就可以阻止病毒繼續傳播。但很多中國用戶因為防火牆，而無法成功到訪有關網址。

資深科技界人士郝培強表示：「大多數的這種蠕蟲（病毒），都應該有後門，有人檢測到某一個功能變數名稱如果存在，就停止攻擊。但是國內呢，這個功能變數名稱的訪問效果比較差，有的地方是百分之百連不上。到底為什麼在國內訪問不好呢？我相信防火牆百分百是原因之一。也有別的說法，說這個功能變數名稱所在地本來連接就不太好，這個我相信也是有的。實際上我們有時候的連接質量問題，也是防火牆間接造成的。」

「金盾工程」的前世今生

中國大陸互聯網被稱為世界最大內網，就是因為一堵世界上最巨大的「防火牆」——金盾工程。

1999 年 7 月，江澤民發動對法輪功的迫害，同時操控媒體對法輪功進行抹黑宣傳。為了阻止海外法輪功真相在大陸的傳播，中共以「資訊安全」為名加大對海外資訊的封鎖力度而建立「金盾工程」（GFW）。而這個 GFW 最初的策劃者正是江綿恆。

據《江澤民其人》一書描述，2002 年十六大前夕，江綿恆去資訊產業部 502 所，觀看高速網際網路演示，其中一項內容就是測試數據檢索速度。匯報人員在 Google 上檢索「江澤民」，沒想到出現在螢幕上的頭十條新聞中就有三條歷數江澤民的罪惡，而

且「邪惡江澤民」被顯示在頭條，江綿恆又驚又氣。

回去後，江綿恆在封鎖網路上不斷加大力度。江綿恆聲稱：「中國必須建立一個全國性的網路，獨立於國際網際網路之外。」

《中國即將崩潰》一書作者章家敦在 2002 年就曾指出，江綿恆正在推動一個獨立於全球網路之外的中國網路系統，建立防堵、篩選境外資訊的龐大防火牆。時任中科院副院長的江綿恆曾到中科院計算機網路資訊中心聽取匯報，並特別提到監控技術。

1998 年開始的「金盾工程」則主要是對內。它是一個龐大而複雜的內部網路封鎖與輿情、公民身份監視系統，對中國公民進行全方位監控。它的主要功能包括網路嗅探、電子取證、發送木馬病毒、遠程同步監控、遠程身份掃描（無線射頻識別）、自動面部識別、電話竊聽等等功能。

2006 年，中共公安部對「金盾工程」驗收，繼而轉為規模更大的絕密「大情報」工程，用來監控 13 億民眾。

解除網路封鎖已經是巨大的民意

2016 年 5 月 30 日，中國科技創新大會、兩院院士大會、中國科協第九次全國代表大會在北京召開。據海外媒體報導說，會上有科學家公開要求當局解除網路封鎖。會後更有中科院 78 位院士聯名上書，要求解禁國外網路，以「提升科研水準」。

法輪功學員開發的「自由門」等破網軟件，有千萬計的中國大陸網民在使用，是影響深遠的翻牆工具。

江澤民在拚命網路鎖國、遮罩真相，完全是為了一己之私，卻欺騙、坑害了所有中國人。

第十四章

中朝決裂
展望朝鮮未來

不把中國列爲貨幣操縱國，確保中國經濟不出問題，習近平當然願意在朝核問題上配合川普。而朝鮮日益倍增的核武威脅和核安事故等潛在危機上，已是中國自身安全的迫切需要。朝鮮是否仍有緩衝價值與半島是否統一，已成爲次要問題。

（AFP）

第一節

不費一兵一卒
川普六招可擊敗金正恩

川普或可不費一兵一卒就能解決朝鮮
核問題。（AFP）

　　美國總統川普 2017 年 4 月 27 日告訴路透社，美國與朝鮮存在引爆「重大衝突」的可能性，但是白宮正在試圖以外交方式解決。

　　德國之聲報導，一名美國高級安全官員表示，華府目前仍在評估所有可能選項，包括外交、軍事和經濟手段。

　　事實上，川普可不費一兵一卒，以六種方式讓朝鮮就範。

1. 嚴格執行安理會制裁決議

　　聯合國安理會 2016 年 11 月通過的制裁決議，限制各國與朝鮮進行常規武器、煤炭和鐵礦石的交易，因為朝鮮將交易所得用

於發展核武或彈道導彈計畫。

這項制裁雖然被認為是最強有力的方法，但是美國國務院和分析人士表示，各國並沒有充分地落實。

華府智庫保衛民主基金會（Foundation for Defense of Democracies）高級研究員魯吉羅（Anthony Ruggiero）說：「很明顯地，中共和其他非洲以及東南亞國家，並沒有執行安理會的這項制裁決議。」

魯吉羅表示，有些國家根本就沒有興趣落實制裁，因為朝鮮提供的常規武器及其他商品的交易價格相對便宜。

2. 要求中企終止提供朝鮮大型車體

中國航太科工集團公司（China Aerospace Science & Industry Corporation）和中國重汽集團（China National Heavy Duty Truck Group）提供朝鮮載運導彈及軍事設備所需要的大型卡車或載體。

國際評估策略中心（International Assessment and Strategy Center）中韓分析師費舍爾（Richard Fisher）說，美國應公開呼籲給朝鮮提供大型卡車或載體使其得以裝載導彈及發射器的公司，例如這兩家中企，終止和朝鮮的交易。

3. 揭露中共對朝鮮的支持

費舍爾表示，美國情報官員應披露幫助朝鮮獲得生產濃縮鋰（又稱鋰6）能力的中共治下企業。鋰6是發展熱核武器（thermonuclear weapons，又稱氫彈）至關重要的物質。

美國智庫科學與國際安全研究所（Institute for Science and International Security）2017 年 3 月 17 日一份援引政府數據的報告說，朝鮮 2012 年購買來自中國大陸的工業設備和材料，包括汞和氫氧化鋰，這些物質可以用來生產濃縮鋰。

根據這份報告，費舍爾認為，這意味著中共批准向朝鮮轉移製造氫彈的技術。

「中共批准這項技術轉移，如果說沒有高層政治局的介入，是不可能發生的」，費舍爾說：「唯有向國際社會揭露這些中共領導階層，並嚴厲批評他們的所作所為，他們才有可能考慮改變政策。」

4. 施以更嚴格的聯合國制裁

針對 2016 年 11 月安理會對朝鮮的制裁決議，「呼籲」國際社會對朝鮮政權發展核項目的活動「保持警覺」。所謂「活動」包括朝鮮派人到海外賺取外匯，用於發展核項目。

魯吉羅說，卡塔爾（Qatar）世界盃足球賽事設施、俄羅斯伐木業以及科威特境內等，都可見到朝鮮「奴工」，這些奴工每年為平壤創造 5 億美元外匯收入。

魯吉羅認為，聯合國決議使用溫和文字沒有效力，美國應建議聯合國改採強烈用詞，例如「完全禁止」使用朝鮮奴工，切斷平壤通過奴工獲取收入，以及打擊朝鮮的非法活動，如入侵網路銀行和毒品販運等。

5. 美國和盟國聯手制裁

費舍爾表示，如果安理會沒有通過新制裁，川普政府或可繞過安理會，成立多國聯盟，實施聯合制裁，斷絕朝鮮收入。「針對協助朝鮮發展核武的中企及其他國家企業，美國及其盟國應對這些企業的高管發出逮捕令，並且凍結他們的資產。」

費舍爾認為，美國及其盟國的第一步，可以從 2016 年 9 月制裁的丹東鴻祥實業開始，制裁與其有往來的個人、公司及金融機構。

魯吉羅說：「美國雖然已制裁丹東鴻祥實業及其四名職員，但是至少有 22 家掩護公司（front company）及金融機構仍然逍遙法外，沒有受到制裁。」

6. 切斷進入美國銀行體系的管道

對於全球和朝鮮有往來的公司實體、銀行或個人，美國財政部可以採取措施，切斷他們進入美國金融體系的管道。德州安吉洛州立大學（Angelo State University）政治學教授、朝鮮專家貝克爾（Bruce Bechtol）說，這個做法可以斷絕朝鮮導彈和常規武器的交易，其約占平壤經濟收入的 40％。

貝克爾說，這個方法可以一網打盡協助朝鮮取得資金的參與者，包括：參與洗錢的銀行、掩護公司以及為朝鮮建立銀行帳戶的外國人等，對朝鮮施以重拳。

第二節

滅掉金正恩 對中國利大於弊

如果朝鮮被清除，可能美國的薩德就不用再布署了，這對於中共來說，反而壓力會小一些。圖為 2017 年 3 月 6 日，「薩德」系統抵達韓國平澤市。（Getty Images）

2017 年 4 月，美國的卡爾文森號航空母艦群朝朝鮮半島外海方向挺進之際，衛星拍攝的照片顯示，朝鮮已經做好了第六次核子試驗的準備。朝鮮半島局勢可謂劍拔弩張，歷史文化學者、時事評論員章天亮博士在接受希望之聲廣播電台採訪時認為，現在已到了一個各方攤牌的時候。

章天亮表示，金正恩權力合法性，都集中在這個問題上。因為他在國內清洗過去他父親那個時代留下來的元老，經濟搞得餓殍遍野。所以對金正恩來說，唯一為自己政權辯護的砝碼，就是不斷的取得軍事上的成功。其實當年中國「兩彈一星」的研發，也存在類似的情況。當時中國正好是三年大饑荒，餓死好幾千萬人，但是那個時候，就是通過爆炸原子彈、放衛星，為這個政權的合法性增加籌碼。

現在，要金正恩把核武器研發或者導彈研發停下來，也是不可能的事情。他已經走到了自己沒有退路的地步了。同時，川普絕不會允許朝鮮真的能夠開發出長程導彈，或者是可以攜帶的這種核武器。所以，等於是雙方攤牌已經是不可避免的路。從川普對敘利亞發射了 59 枚戰斧導彈這個行動可以看出，川普是一個非常有決斷力的人。4 月 4 日，發生了阿薩德政權以化學武器攻擊平民的事件，4 月 6 日川普就以導彈迅速作出回應。

川普秉持里根策略：以實力求和平

同時，川普在外交領域，一直奉行強硬的政策。朝鮮半島問題上，川普擺明了是不惜一戰。章天亮指出，現在已經到了戰爭幾乎一觸即發的程度。

他說，川普基本上秉持里根時代的策略，就是以實力求和平。就是要對外展示出一個非常強大的國家形象，世界才會真正的安全。世界安全對美國來說也是有利的。川普很清楚地意識到這個問題。他就大幅增加美國的軍費，同時對外展現出非常強硬的立場。這在過去是奧巴馬政府絕對不敢做的事情，包括跟俄羅斯採用這種最後通牒式的做法。前兩天美國國務卿蒂勒森到俄羅斯訪問的時候，就明確說：「你要麼跟阿薩德站在一邊，要麼你跟我們站在一邊。」就是讓他選邊站。這是過去，包括在小布什時代都沒有過的強硬表態。

有幾個現象，大家可以注意一下。一個現象就是川普沒有把中國宣布為匯率操縱國。當時做總統候選人的時候，他就說他上台後，一定要把中國宣布為匯率操縱國，還有提高關稅等，對中

國實行經濟制裁。

　　但是他現在沒有做。很顯然，他在跟習近平的會晤後，雙方達成了一個協議。這個協議，其實川普在他的推特上已經表明，希望中國能夠在朝鮮半島無核化方面，發揮積極的作用。也就是說，他沒有把中國列為匯率操縱國，是因為習近平想在朝鮮半島無核化這方面和美國站在一起。

　　那麼這就出現一個問題。就是中國跟美國站在一起，中國有哪些手段使朝鮮放棄核武？其實中國的手段非常有限。除了真正的貿易禁運之外，就沒有其他手段了。

　　所以川普在記者會上或者推特中明確表示，如果中國解決不了朝鮮問題，美國就自己幹。這個意思就是說，如果中國都不能夠讓金正恩配合，美國人就要動手了。這已經是一個迫在眉睫的問題。而朝鮮首都平壤已疏散了 60 萬人，已經在為戰爭做準備了。同時中國向中朝邊境增兵，而美國的航空母艦卡爾文森號和兩艘可以發射戰斧導彈的驅逐艦，也正挺進朝鮮半島外海。

　　目前，美、日、韓正在搞聯合軍事演習，可以說戰爭一觸即發。如果金正恩真的一意孤行，爆了原子彈，那麼美國隨時都可能動手。

金正恩不會放棄核武的研發

　　章天亮說，金正恩發表過很多關於戰爭的叫囂，但他自己也知道，雙方的軍事實力差別很大。如果真的是打一場常規戰爭，朝鮮是一點勝利的希望都沒有。所以他覺得，有了核彈之後，他可以把核彈扔到韓國，把首爾給炸平了。或者把核彈發到東京，

或者是美國關島基地。他如果有這樣的信心，就不會往後退。作為這樣一個獨裁者，他每次出行的時候，旁邊的人都是一臉的奴才相，拿著一個小本子，不管他講什麼，都要認真的記下來。有一個高官因為在金正恩開會的時候打盹，睡著了，就被槍決了。

所以，金正恩實際上是讓他的身邊沒有人敢跟他提出任何不同的意見。如果有人提出不同意見，殺身之禍可能馬上就會降臨。所以他身邊就圍著一批拍馬屁的人。在這種氛圍之中，他就更難做出清醒的判斷。所以，金正恩儘管已經是大戰迫在眉睫，但是他也不會放棄核武的研發。

朝鮮被清除 對中國利多於弊

章天亮指出，當前比較敏感的是中國的態度。對於川普來說，他可能不指望中共真的能做什麼，迫使金正恩流亡或者讓金正恩棄核。川普大概也就是期望對朝鮮動手之後，中共無所作為，坐視朝鮮被美國清除掉。如果美國動手把朝鮮清除，對於習近平來說是有利還是有弊？或者說利大於弊，還是弊大於利？這是一個很有意思的問題。

現在中共是把朝鮮作為自由社會和中共獨裁政權的一個緩衝地帶。日本、台灣、韓國是所謂的美國第一島鏈，這裡屬於自由社會。這個島鏈中間，有一個緩衝地帶，就是朝鮮。但實際上，朝鮮起到的壞作用遠遠大於好的作用。中共豢養了這麼一個政權，每年大量的外匯、大量的石油、糧食等，整個朝鮮的生存是由中國來供給的。中國等於是養了這麼一個無賴，然後指望他跟自由社會能夠形成一個緩衝地帶。但是現在金三胖走得太遠了。

他對中國的態度也非常的惡劣。中國養著它，對中國來說，究竟是好處多於壞處，還是壞處多於好處呢？這就是一個問題。由於朝鮮的存在，美國就可以名正言順的在韓國駐軍。所以，對於習近平來說，如果朝鮮被清除掉，對他來說不見得是一個壞事。

如果朝鮮被清除，可能美國的薩德就不用再布署了，甚至沒有必要在韓國駐軍了。目前美國在韓國駐軍，是因為朝鮮半島其實並沒有簽署南北雙方和平協議，只是有一個停戰協定。所謂停戰協定，只是雙方暫時停戰，實際上還是處於戰爭狀態。美國在韓國駐軍，是為了保護韓國的安全。如果朝鮮被清除，美國在韓國甚至可能不需要駐軍了，對於中共來說，反而壓力會小一些。

如果朝鮮被清除，可能美國的薩德就不用再布署了，這對於中共來說，反而壓力會小一些。

目前美國在全球的軍事投放能力是非常強的。就是在全球任何一個角落，美國都能在很短的時間內集結一支部隊，打一場局部戰爭。這是美國完全可以做到的。美國可以在幾天或一兩個星期之內，把軍隊投送到任何一個地方。所以，其實美國在韓國駐軍，在日本駐軍，或者在關島駐軍，都沒有太大的分別。

習近平訪問美國，川普原計畫是會談兩次，一次 15 分鐘。其他的都是雙邊談判，就是中國的某一個部門和美國相關的部門進行談判。而這次習近平和川普實際上第一次談了三個多小時，第二次談了兩個多小時。這說明雙方在這方面進行了討價還價，或者說在利益方面有很多可以溝通，才談了這麼長的時間。

這次習近平回去之後，馬上就把朝鮮發到中國的運煤船退回去了，看起來談判還是有些成效。所以說，如果戰爭真的爆發，中國很有可能採取袖手旁觀的策略。

第三節

美軍「佯攻」
探明朝鮮地下設施

2017 年 5 月 16 日在日本橫須賀結束定期檢修的美國「羅納德・里根」號航母出港。加上 4 月 8 日美國海軍下令在新加坡附近的「卡爾・文森」號航母前往朝鮮半島。這兩個航母組成的戰鬥群，已準備好 300 枚巡航導彈，瞄準朝鮮的地下設施等。

圍繞朝鮮的核與導彈開發，在美朝對立處於膠著狀態的情況下，美國已基本完成對朝鮮的軍事包圍網。美國航母和核潛艇陸續布署到朝鮮半島近海，一旦朝鮮越過「紅線（觸發軍事行動的底線）」，馬上就能行動。美國不斷加大壓力迫使朝鮮做出讓步。

有專家分析說，美軍製造一個要把航母戰鬥群派往朝鮮半島海域的假象，是為了仔細觀察朝鮮動作的虛實。朝鮮判斷「美朝軍事衝突一觸即發」，進入了臨戰狀態。據說朝鮮將完全不同於通常演習的物資和要員送到了地下設施，出現大量只有有事時才

使用的無線電通信。美軍利用這個時機進行了仔細觀察，按照哪個地下設施有多少物資出入等，鎖定了真正該打擊的目標。

美軍將發射巡航導彈打擊朝鮮的核試驗場、鈾濃縮設施、隱蔽移動發射架的隧道等。預計發射的巡航導彈的數量達 300 枚，是打擊敘利亞所用導彈的五倍。

除海軍外，美軍還考慮從美國本土和駐日美軍基地出動戰略轟炸機進行空襲。美軍曾用大型空爆炸彈（MOAB）破壞阿富汗的極端組織「伊斯蘭國」（IS）的隧道，現在也可能使用這種可使朝鮮地下設施癱瘓的特殊炸彈來摧毀位於平壤北部的朝鮮軍隊司令部。金正恩被認為在有事時會在這裡進行指揮。

美國政府以軍事力量為後盾加大對朝鮮的外交壓力，並做好第二手準備，只要朝鮮進行重大挑釁，就把攻擊也作為選項。

作為對美軍攻擊的反擊，朝鮮軍隊可能會向韓國首都首爾一帶發射數千發遠程炮彈和火箭彈，而美韓聯軍將通過雷達瞬間計算出朝方的發射位置，用強擊機和無人機將其摧毀。朝鮮的火炮多數是老式的，不能自行發射，遲早會被美韓聯軍摧毀，許多專業人士認為朝鮮的炮擊不會持續多久。

美朝對立如果長時間拖下去，朝鮮將會受到嚴重的經濟打擊。朝鮮的水稻種植不能晚於 6 月份。士兵是農忙時節不可或缺的勞動力。如果耽誤了插秧，很容易導致秋季的糧荒。美國似乎也在有意對朝鮮進行軍糧攻擊。

朝鮮 5 月 14 日發射新型彈道導彈，並未停止挑釁。10 日上任的韓國總統文在寅尋求與朝鮮和解。包括中美日在內的各方較量變得更加激烈。

第四節

中朝破裂 美中兩大共識

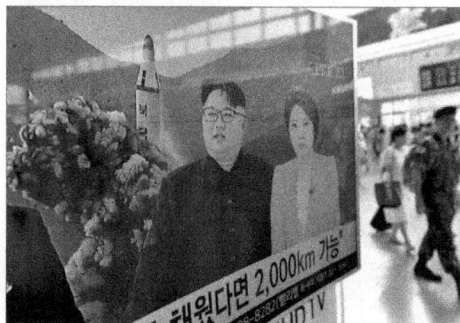

朝鮮搞核武，直接傷害最大的是中國。國際社會認為金正恩手中有 10 枚以上的核武炸彈，只缺導彈發射到千里之外。圖為韓國電視報導朝鮮核武威脅。（AFP）

俗話說：做人做事最怕「養虎為患，搬起石頭砸自己的腳」，沒想到這話卻成了今日中國與朝鮮關係的真實寫照。

2017 年 5 月 6 日人大陸微信上流傳一個帖子：「中國官方首次正式承認：朝鮮戰爭是因為『金日成要統一半島』而挑起的，中國是被捲入的、而不是什麼保家衛國。這不僅回應了歷史，也預示著中國已經切割了中朝關係的歷史包袱，重新界定雙邊關係。可見，我們從小到大學習的『抗美援朝，保家衛國』的說法原本是一場騙局！我們的大腦中存儲的一切黨宣傳的東西究竟有多少是真的，多少是騙人的？如今我中華民族的幾十萬兒女在半島的犧牲，就變得毫無意義可言，毫無正義可言，或者簡直是恥辱悲哀的死去！」

中共在內鬥的戰火還沒完全停息、舉國上下需要休養生息之

時，於 1950 年 6 月受命於蘇聯的指示而「自願」加入朝鮮戰爭。在經歷巨大損失後，獲得了與朝鮮「血一般的兄弟情義」，隨後幾十年中，中共為了爭霸共產國際的老大而不斷餵養朝鮮，金家三代都躺在中共懷裡吃得腸肥腦滿，而朝鮮百姓卻苦不堪言。

中共養虎為患 自食苦果

為了占領韓國，實現武力統一，同時也為了以擁核國的身份與美國建立外交關係，金日成從 1962 年就在平壤以北 90 公里的寧邊地區興建核反應爐，到 1987 年朝鮮就有潛力每年生產一到兩枚核子武器。1991 年韓國也準備生產核武器，朝鮮主動提出朝鮮半島無核化，通過一系列假承諾，最終成功阻止了韓國，並讓美軍撤掉了布署在韓國的戰術核武器。

1994 年 6 月，美國總統克林頓與朝鮮達成《朝核問題框架協定》，但由於美國出現 45 億美金的資金缺口而無法兌現協助其建立輕水反應爐與提供重油的承諾，朝鮮因此撕破協定。2002 年 10 月被美國發現仍在搞核武後，朝鮮聲稱是巴基斯坦幫助的，事實上卻是中共黨魁江澤民幹的。據說江澤民想以朝鮮有核武來作為自己與美國討價還價的籌碼，從而抬高自身的地位。於是國際上不時出現中共與朝鮮唱雙簧的局面。

維基解密 2013 年甚至披露，朝鮮根本就沒有自己的核武器，都是北京祕密布署的，目的是平衡美國在台灣的影響力。國際社會很多調查發現，朝鮮發射導彈的火箭外殼是朝鮮自己製造，但內部很多關鍵零部件都是中共提供的，核心技術人員也是中共培訓的。除了王軍那些軍火商直接把核武技術和設備賣給朝鮮之

外，還有遼寧丹東女商人馬曉紅、遼寧遼機集團這樣的國企在支持朝鮮搞核武。

很快中共就嘗到了「養虎為患」的苦果，朝鮮搞核武，直接傷害最大的就是中國。目前國際社會認為，金正恩手中有 10 枚以上的核彈炸彈（不管是中共給的，還是朝鮮仿造的），他現在最欠缺的就是把核彈裝在導彈上，從而發射到千里之外。

核武有三種發射方式：由潛水艇發射的魚雷帶出；由導彈飛彈發射；或有飛機空投。如今朝鮮無力把核彈頭發射到日本、美國，但卻很容易用飛機空投到中國。這也是金正恩敢於和中共翻臉耍流氓的原因之一，一旦朝鮮核試驗失敗出現核污染、或真的朝中國扔核彈，那是中國人難以承受的大災大難。

金家政權一直受江派操控，江派要員張德江、張高麗都曾留學朝鮮，和金家關係密切，周永康 2011 年出訪朝鮮時還和金正日同台閱兵。有消息說，當時江派布署搞軍事政變來推翻習近平，一旦政變失利，周永康、徐才厚、郭伯雄等江派軍事力量會退守朝鮮，伺機反撲。

習近平上台前後，一直討厭朝鮮以核武來綁架恐嚇中國和全球，習是唯一沒有接見金家王朝的中共首領。2015 年九三大閱兵時，坐在主席台上的是韓國總統而不是朝鮮的共產主義兄弟，這讓金正恩非常不滿，不斷在習江鬥的關鍵時刻跳出來給江派助陣、給習近平添亂。

斬首行動與無人機的難度

川普當選總統後，渴望能夠迅速在外交上取得重大成就，一

且解決了朝鮮問題，川普就會贏得美國民眾的尊重，於是川普利用在韓國布署薩德防禦系統，逼習近平來華盛頓見他，並用貿易逆差等問題，讓習近平全力支持美國用各種方式解決朝鮮問題。

此前美國曾經表示，要像擊斃本‧拉登那樣，用特種部隊的斬首行動來對付金正恩。不過一段時間之後，美國另提出要用軍事力量來處理朝鮮問題。為何斬首行動難度比較大呢？

2017 年 5 月 6 日，朝鮮國家安全部「國家保衛省」發言人發表聲明稱，朝鮮「粉碎」美國中情局和韓國「國家情報院」準備對朝鮮最高領導人金正恩發動生化「恐怖攻擊」的陰謀。

聲明指美中情局在俄羅斯僱用並培訓了朝鮮的一名姓金的思想叛變者，並指使他在平壤舉行的閱兵式、遊行等公開活動中發動生化攻擊，包括放射性物質和納米毒物，不需要近距離接近目標，致命性半年或一年以上才出現效果。

事件的真實性目前不得而知，但金正恩上台後，由於和北京關係不好，為了防止中共搞暗殺，金正恩處決了大批親中派的高官，連北京都不能像以前那樣探聽到朝鮮最高領導人的行蹤，這讓美國特種部隊的斬首行動也受到影響。與世界其他國家相比，無論是伊拉克還是敘利亞，在朝鮮這個共產主義專制體制下，人們被洗腦毒害得更深，想要得到金正恩的行蹤情報是很難的。

有專家建議用無人機來實施偵查與攻擊。目前的無人機種類很多，有飛機式樣的，有帶螺旋槳的圓盤式樣的，有的如手掌一樣大，有的比橘子還小。只要無線信號功率足夠大，就能克服各種屏蔽。據說有的無人機帶有毒箭，能很快致人死地。

不過即使通過情報和偵查，無人機發現了金正恩，但由於金正恩有很多替身，外界很難通過衛星、特工準確掌握其行蹤，一

旦失手殺到替身，那就會引爆核戰，這也是北京與華盛頓在斬首
金正恩的顧慮之一。

美中共識：無核化 不統一

從如今美國軍事布署的高壓態勢來看，川普會不惜發動航母
戰爭也要終止朝鮮擁有核武，而習近平布署的中國軍隊，也會在
海陸空全方位圍攻金家王朝。有人預測，中朝、美朝很快就會開
戰，韓國會很快統一朝鮮，進入民主社會，不過仔細分析發現，
情況不會這麼樂觀。

2016 年朝鮮成功完成氫彈爆炸之前，從地緣政治的角度考
慮，中國對朝鮮問題的立場，按照重要程度應該是這樣的：

1. 維持朝鮮半島南北分治，做為中美勢力之間的緩衝區；

2. 朝鮮半島無核化；

3. 維持朝鮮與韓國、日本和美國的敵對姿態；

4. 維持朝鮮對中國政治上和經濟上的依賴，使中國對朝鮮國
內和外交政策具有舉足輕重的影響。

而美國的立場是：

1. 朝鮮不能擁有核武和長程導彈技術；

2. 維持美日韓軍事同盟關係（朝鮮武力威脅不能消失）；

3. 避免因為第二次朝鮮戰爭爆發而再次捲入和中國和俄羅斯
的直接軍事衝突。

2016 年 1 月朝鮮核爆後，中美共通性利害關係點驟然突顯，
使得中美雙方有了更多的共同立場。

第一，雙方都不希望朝鮮統一。對美國來說，朝鮮如果消失，

半島上形成一個統一的大韓民國，則與韓國的軍事同盟關係可能隨之減弱，伴隨而來的或是韓國在經貿政策上的嚴重傾中。而對中國來說，緩衝地帶的消失，可能立即面臨著與代表著普世民主價值觀的美國勢力直接接壤的局面。

第二，雙方都不希望朝鮮擁有核武和運載武器。對美國來說，朝鮮的核武對美國直接威脅之外，也存在核擴散的問題。比如巴基斯坦核武器，就是朝鮮的技術。多一個國家擁有核武，這個世界就多一分危險。尤其是當擁有核武的國家政局並不穩固的時候，這種危險就更為嚴重。

而對中國來說，朝鮮核武器對中國的威脅相較其他國家大得多。朝鮮的原子彈，投放到美國很難，投放到中國卻很容易。朝鮮藏原子彈的地點距離中國只有一百多公里，距離中國東北大城市只有兩百到五百公里，而距離北京不到一千公里。

朝鮮領導人怪異的性格，恐怕會使中國政府更加憂心忡忡。這位三十多歲的領導人，不僅上台之後殺掉了多位助手，換掉了大部分軍事將領，而且在外交上咄咄逼人。朝鮮內部政務方面非常糟糕，民不聊生。政局生變的可能性日益增加。而一旦朝鮮政局真有變化，如有統一的接班人控制全域還好，若出現割據而各不相讓，則朝鮮擁有的核武，將成為中國的心腹大患。

顯然，朝鮮屢屢試爆核武，以及朝鮮領導人的不穩定，使得中國地緣政治考量中的第二位無核化重要性突然大幅上升，壓倒了其他原則考量的重要性，甚至超越了第一位不統一。

美國軍事行動將遇到的難題

不過，等到了 2017 年 4 月，朝鮮完成五次核試驗、正在準備第六次核爆時，局勢又發生了變化。

對習近平來說，能讓川普答應不把中國列為貨幣操縱國，保證中國能繼續與美國做生意來確保中國經濟不出問題，讓十九大能按習自己的意願舉行，習近平當然願意在朝鮮問題上配合川普。而且隨著遠距離導彈的發展，地域上朝鮮充當中國擋箭牌的功能已經消失。相反，面對朝鮮日益倍增的核武威脅和核安全事故等潛在危險，立即讓朝鮮無核化就成了中國自身安全的迫切需要。朝鮮半島是否統一已經成為次要問題。

對於川普來說，2013 年朝鮮成功完成氫彈試驗後，這幾年集中精力來搞遠程導彈，核武專家預測，很快的朝鮮就有可能把氫彈核彈頭加載在導彈上，射到美國本土或美國的軍事同盟國韓國或日本等的領土上。川普自信美國完全有實力摧毀朝鮮的核武。而且作為新上任的總統，川普非常希望能在上任 100 天後，完成以往三屆總統都沒有完成的偉業，讓亞太平安，讓世界放心。

的確，只要美國對朝鮮採取軍事行動，朝鮮除了「魚死網破」地發射核武外，已沒有多少還手之力。但是，核爆炸與核輻射帶給朝鮮和中國百姓的巨大傷害，卻也是難以估量的。

1994 年美國政府就「若對朝鮮實施外科手術後果」的祕密報告顯示，其傷害是巨大無比。報告說：「寧邊 8 兆瓦和 5 兆瓦兩座反應爐運轉時被炸毀，因放射性物質輻射受害的範圍可達400 至 1400 公里，不僅韓半島甚至中國和日本也會受到危害。」「具體而論，寧邊核設施半徑 10 至 50 公里內的人在兩個月內死

亡 80 ～ 100％，30 至 80 公里內的人僅能生存 20％左右。距寧邊 400 至 1400 公里的地區輻射量也達到 5 雷姆，這是國際放射性物質輻射許可量的 10 倍。轟炸 5 年後在半徑 700 公里以內的地區仍然受到放射性污染的影響。如果除了 2 座反應爐外，再處理設施、核廢料儲藏設施等也同時被炸，其危害程度則更加擴大，在半徑 50 公里以內 25％的居民在幾小時內死亡，韓半島全境的土壤污染將持續 5 至 10 年。」（見韓國《朝鮮日報》2007 年 1 月 4 日報導）

如今 20 多年過去了，在周永康、張德江、馬曉紅等人的暗助下，朝鮮的核能力可能是過去的幾十倍，後果將更不堪設想。

難怪在 2017 年 4 月 27 日川普接受路透社專訪時對習近平讚不絕口，說「我相信他現在非常努力，他當然不想看到（朝鮮戰爭引發的）亂象和死亡。他不想看到這些。他是好人，他是非常好的人，我非常了解他。」「當然我也知道他很愛中國和中國人，我知道他會希望能做一些事情，儘管有可能他做不到。」

看來，這個靠武力摧毀核設施的軍事計畫被習近平否決了。

曾為韓國軍隊高級軍官，現任慶南大學教授的金東葉也表示，美國如果先行打擊朝鮮，可能不會像打擊敘利亞那樣簡單。這主要是因為朝鮮在南北軍事分界線（三八線）上布署了 300 至 500 門遠程火炮。這些火炮如果實施齊射，韓國首爾在一小時內就會被 6000 至 7000 發炮彈擊中。

在這種情況下，雖然美韓兩軍可以通過空中打擊，將朝鮮火炮「打掉」一半，但整個首爾也將被破壞掉 10 ～ 15％。

於是有專家認為，「美國可能會以『斬首行動』為主，首先以特種部隊以及精準的空中打擊，定點摧毀朝鮮的指揮系統以及

核心設施，令朝鮮毫無還手之力，更不會給朝鮮率先開炮的機會。

屆時，駐紮在三八線附近的朝鮮火炮如果未被全面摧毀，有可能對韓國北部包括首爾在內的城市進行報復打擊。在此情況下，美國和韓國聯合部隊就會向北跨越三八線，徹底解決金正恩政權。

到那時，北京當局不會有第二次『抗美援朝』，但是為了自身利益和國家安全，中國可能在朝鮮境內的邊境地區劃出一道非軍事區，將朝鮮難民安置在內，不允許他們大量進入中國境內。

最後的結果將是，金正恩政權自此消亡，朝鮮核問題被徹底解決。至於新的朝鮮政權是否存在？由哪一方勢力來控制？以及朝鮮半島能否實現統一？將由中美雙方的談判結果來決定。」

這個專家方案也沒考慮到金正恩會用核武來拚死一搏。一旦他躲在270米的地下，得知美軍或共軍的攻擊，他會下令啟動核武，即使美軍導彈擊中了朝鮮的核武，那核輻射依舊會帶來無法避免的傷害。

也就是說，一旦牽扯到核武，人類任何軍事行動都顯得那麼無力，怎麼做都是雞蛋碰石頭。

於是，習近平向川普提出另一個非常不尋常的解決方案。

習近平提出的特別辦法

4月12日，習近平與川普在電話上談論朝鮮問題。通話後川普發推文表示，和習近平討論朝鮮核威脅「非常好」。4月18日，川普在福克斯新聞節目中表示，習近平在認真地處理朝鮮問題，「北京處理的方式很不一樣，沒有人見過這樣的事情」，「（此前）

沒有人看過北京這麼積極地回應」。

習近平到底提了什麼建議，我們不得而知，但肯定是不會主動去炸毀朝鮮的核設施。

有人猜測習近平會採用各種方法對金正恩本人採取行動，比如各類間諜手法，從美女、醫生、廚師、警衛下手，還可能如蘇聯克格勃那樣，採用特異功能、意念等等。

也可能從政治角度入手，不過，假如金正男還在中共的保護和掌控下，習近平還有機會用哥哥來取代弟弟，但江派曾慶紅卻在 2017 年 2 月搶先兩個月把金正男毒死了，西方說的讓金正男的兒子來接管朝鮮，那是根本行不通的。相比之下，金正恩的姑姑、妹妹、朝鮮二號人物崔龍海，在金正恩死去後來接管朝鮮的可能性還大得多。但前提是，如何讓 30 多歲的金正恩死去呢？這個也不是馬上就能做到的。

六方會談仍是最後的選擇

現在習近平和川普唯一能做的，就是用各種軍事、經濟、政治等高壓，逼迫和降服金正恩，至少在一個時間段裡逼迫金正恩答應放棄核武。事實上，習近平已經這樣做了。

2017 年 4 月 14 日，香港軍事評論員梁國梁接受中央社採訪時透露，中國、美國和俄羅斯已就朝鮮問題找到共識，就是朝鮮半島必須無核化。美國認為外交途徑已經無效，進而轉向軍事干預，但北京依舊在尋求外交途徑化解危機。

據說朝鮮向北京提出三方面要求，一是經濟利益，二是安全保障，三是以三年時間銷毀核武。但北京要求朝鮮以三個月的時

間銷毀核武，並爭取朝鮮在最近兩三個星期內作出承諾。

目前朝鮮的態度還很模糊，金正恩一面叫囂不怕任何制裁，一面收斂了很多。美國國會自從印度、巴基斯坦擁有核武之後，特別是 1960 年古巴導彈危機後，在對外用武上一直很謹慎，估計川普也不會真的準備打一個大戰，也不會真的非要滅掉金正恩。即使這樣想，也難以做到。

北京要求朝鮮三個月銷毀核武，這等於要求在北戴河會議前了結此事。事實上，北京也不希望朝鮮被徹底打垮而消失，北京依舊需要朝鮮充當緩衝，抗衡來自韓國領土上那 2.8 萬美國士兵和薩德的威脅。即使習近平個人不這樣想，中共高層的所謂愛國主義者，也會逼著習要保證朝鮮繼續存在下去，否則，江派就會以習賣國藉機反撲，習也不會冒此不韙去讓受到愛國主義操控的老百姓不高興。

台灣大學政治學教授明居正分析說，習近平訪問美國後，習近平與川普達成的共識，很可能包括朝鮮半島上的「無核化」以及「不統一」這兩點。他預測說，美國、中國會擺出打朝鮮的姿態，但可能不會真的大打，嚇唬一下就夠了，目的還是最後把朝鮮逼上談判桌，六方會談的局面會再次出現。不過與以往不同的是，美國、中國這次是要動真格的。

接下來的戲會很好看，但全域來看，在共產國際裡，朝鮮作為中共的一個伴兒，陪著中共走到最後，隨著中共的解體而解體，那是歷史的必然。畢竟，這個世界舞台是留給中國的，不會讓朝鮮在改天換地中吸引全球的目光，中共的解體和滅亡，才是接下來世界大戲的主題。

等中共解體了，朝鮮這個死結也就有解開之道了。

中國大變動系列 **056**

朝核危機與中南海權鬥

作者：王淨文 / 季達。**執行編輯**：張淑華 / 韋拓 / 余麗珠。**美術編輯**：林彩綺。**出版**：新紀元周刊出版社有限公司。**地址**：香港荃灣白田壩街5-21號嘉力工業中心A座16樓03室。**電話**：886-2-2949-3258 (台灣) 852-2730-2380 (香港)。**傳真**：886-2-2949-3250 (台灣) 852-2399-0060 (香港)。**Email**: newepochservice@gmail.com。**網址**：shop.epochweekly.com。**香港發行**：田園書屋。**地址**：九龍旺角西洋菜街56號2樓。**電話**：852-2394-8863。**台灣發行**：高見文化行銷股份有限公司。**地址**：新北市樹林區佳園路二段70-1號。**電話**：886-2-2668-9005。**規格** ：21cm×14.8cm。**國際書號** ：ISBN978-988-77341-7-8。**定價** ：HK$128 / NT$400 / KRW$20,000 / US$29.98。**出版日期**：2017年6月。

新紀元
NEW EPOCH WEEKLY

www.ingramcontent.com/pod-product-compliance
Lightning Source LLC
Chambersburg PA
CBHW030339270326
41926CB00009B/892